訓民正音

國之語音異乎中國與文字不相流通故愚民有所欲言而終不得伸其情者多矣予為此憫然新制二十八字欲使人人易習便於日用耳

牙音。如君字初發聲

지은이 **이기범**

대학에서 한국사, 대학원에서 문화콘텐츠를 공부했습니다. 25여 년간 국내와 해외의 박물관, 세계 문화유산, 유적지 등 역사의 현장에서 어린이·청소년들과 함께 역사 체험 학습을 하며 세계 속의 우리 역사와 문화를 탐구하는 활동을 해 왔습니다. 지은 책으로 《특별한 역사책》《참 쉬운 뚝딱 한국사 2 : 고려 시대》《3·1운동의 불씨, 독립 선언서를 지켜라!》《하늘 높이 솟은 간절한 바람, 탑》《김정호 따라 한 첩 한 첩 펼쳐 보는 대동여지도(공저)》《제술관 따라 하루하루 펼쳐 보는 조선통신사 여행길(공저)》《기록의 나라 대한민국의 유네스코 세계 기록 유산》 등이 있습니다.

그린이 **지문**

대학에서 역사를 공부했습니다. 어린이들을 위한 재미있고 즐거운 그림을 그리고 싶어서 그림작가가 되었습니다. ㈜예성 크리에이티브 대표, 한국어린이그림책연구회 회원입니다. 그린 책으로 《출동 완료! 쌍둥이 탐정》《임플란트 대작전》《특별한 역사책》《우리나라 지도책 : 난 어디에 살고 있을까?》《우리 땅 지질 여행》《오지랖과 시치미와 도루묵을 찾아라!》 코딩 과학 동화 《팜》 시리즈 등이 있습니다.

세종 대왕과 함께 펼쳐 보는

훈민정음 해례본

초판 1쇄 발행 2014년 9월 19일
개정판 1쇄 발행 2022년 9월 15일
개정판 3쇄 발행 2024년 9월 16일

지은이 이기범 **그린이** 지문

펴낸곳 도서출판 그린북 **펴낸이** 윤상열
기획편집 서영옥 최은영 **표지디자인** 맥코웰 **본문디자인** 최미순 **마케팅** 윤선미 **경영관리** 김미홍
출판등록 1995년 1월 4일(제10-1086호) **주소** 서울 마포구 방울내로11길 23 두영빌딩 3층
전화 02-323-8030~1 **팩스** 02-323-8797 **블로그** blog.naver.com/gbook01 **이메일** gbook01@naver.com

ⓒ 이기범 2014

이 책의 저작권은 저자와 출판사에게 있습니다.
서면에 의한 저자와 출판사의 허락 없이 내용의 일부를 인용하거나 발췌하는 것을 금합니다.

ISBN 978-89-5588-416-6 73910

* 잘못된 책은 구입하신 곳에서 바꾸어 드립니다.

어린이제품안전특별법에 의한 표시
품명 어린이 도서 **제조국** 대한민국 **사용연령** 8세 이상 **주의사항** 책 모서리에 다치지 않도록 주의하세요.

일러두기

* '해례' 편과 '정인지 서'가 실린 《훈민정음》은 '《훈민정음》 해례본', '《훈민정음》 원본' 등으로 불리지만, 이 책에서는 '언해본', '예의본'과 구별하기 위해 《훈민정음 해례본》으로 표기하였습니다.
* 이 책에 사용한 《훈민정음 해례본》의 이미지는 한글학회의 영인본을 바탕으로 구성한 것입니다.
* 《훈민정음 해례본》은 서문을 포함해 전체 66쪽으로 구성되어 있습니다. 이 책에서는 그중 일부를 펼쳐서 보여 주는 것으로 구성했으며, 책 이미지 하단의 쪽 번호는 편의상 서문에서부터 순차적으로 붙인 것입니다.

한장한장 우리역사

세종 대왕과 함께 펼쳐 보는

훈민정음 해례본

이기범 글 지문 그림

그린북

차례

8 백성을 가르치는 바른 소리 훈민정음
《훈민정음 해례본》 세종 대왕의 서문

10 훈민정음을 왜 만들었을까?
《훈민정음 해례본》 예의 편

12 발음 기관의 모습을 딴 닿소리
《훈민정음 해례본》 예의 편

14 가운뎃소리인 홀소리와 글자의 어울림
《훈민정음 해례본》 예의 편

16 첫소리를 만든 원리
《훈민정음 해례본》 해례편 제자해

18 가운뎃소리를 만든 원리
《훈민정음 해례본》 해례편 제자해

20 글자의 끝소리, 받침
《훈민정음 해례본》 해례편 제자해

22 7언시로 풀이한 제자 원리
《훈민정음 해례본》 해례편 제자해

24 첫소리를 알아보자!
《훈민정음 해례본》 해례편 초성해

26 가운뎃소리를 알아보자!
《훈민정음 해례본》 해례편 중성해

- 28 끝소리를 알아보자! 《훈민정음 해례본》 해례 편 종성해
- 30 글자를 어떻게 합할까? 《훈민정음 해례본》 해례 편 합자해
- 32 소리의 높낮이를 알아보자! 《훈민정음 해례본》 해례 편 합자해
- 34 재미나고 예쁜 우리말들 《훈민정음 해례본》 해례 편 용자례
- 36 훈민정음으로 마음껏 표현한 순우리말 《훈민정음 해례본》 해례 편 용자례
- 38 집현전 학사 정인지가 쓴 서문 《훈민정음 해례본》 정인지의 서문
- 40 집현전 학사를 대표하여 《훈민정음 해례본》 정인지의 서문
- 42 과학적이고 예술적인 문자 한글의 세계화 이야기
- 44 한글을 찾아 떠나는 체험 여행

훈민정음
백성을 가르치는 바른 소리

지금 우리가 사용하고 있는 글자인 한글은 우리 민족의 혼과 정신을 담고 있어요. 또한 세계적으로 우수성을 인정받을 만큼 편리하고 과학적인 문자지요.

그렇다면 한글은 언제 누가 만들었을까요? 바로 다들 알고 있는 것처럼 조선 시대 제4대 임금인 세종 대왕이 만들었습니다.

하지만 한글이 처음 만들어진 당시에는 그 가치를 인정받지 못했어요. 조선 시대 양반들이 한글 창제를 반대한 것은 물론이고, 만들어진 후에도 어린이와 여자들이나 사용하는 글자로 취급당했거든요.

그뿐만이 아니에요.

"한글은 잃어버린 우리 옛 문자에서 비롯되었다."

"몽골 문자나 인도 문자가 기원이다."

"문의 창살을 본떠 만든 것이다."

일제 강점기 일본 학자들은 한글 창제의 기원에 대해 이렇게 주장했지요.

이런 주장이 가능했던 것은 그때까지만 하더라도 한글의 기원을 알려 주는 자료가 없었기 때문입니다. 한글을 만든 이유와 사용법, 그리고 한글 창제 원리를 설명해 놓은 《훈민정음 해례본》이 1940년에야 발견되었거든요. 하지만 《훈민정음 해례본》을 발견한 간송 전형필 선생은 해례본을 발견하고도 숨겨 둘 수밖에 없었어요. 그때는 우리말과 우리글을 말하지도 쓰지도 못했던 일제 강점기였거든요.

《훈민정음 해례본》이 세상의 빛을 본 것은 광복 이후입니다. 이때 처음으로 밝혀진 한글 창제 원리는 세상을 또 한 번 놀라게 했습니다. 세종 대왕이 서문에서 밝힌 것처럼 백성을 위해 만든 글자라는 것도 세계에서 유일한 일이었지만 발음 기관을 본떠 만든 것도 인류 역사상 처음 있는 일이었기 때문입니다. 이처럼 《훈민정음 해례본》은 한글에 대한 자세한 해설서이자 그동안 풀리지 않았던 한글의 수수께끼를 풀어 준 책이지요.

덕분에 한글은 만든 사람과 반포 시기, 그리고 만든 원리가 확실히 알려진 몇 안 되는 글자가 되었습니다.

자, 그럼 지금부터 세종 대왕과 함께 《훈민정음 해례본》을 통해 한글이 어떻게 만들어졌고, 어떤 과학적인 비밀이 숨어 있는지 한 장 한 장 살펴볼까요?

간송 전형필 선생은 《훈민정음 해례본》을 찾아내고도 세상에 발표하지 못하다가 해방 후에야 그 사실을 알렸어요.

1443년 세종 대왕은 연구를 거듭한 끝에 세상에서 유일한 우리 글자인 훈민정음(한글)을 만들었습니다. 그 뒤 한글 창제 3년 후인 1446년 집현전 학사들은 한글 해설서인 《훈민정음 해례본》을 만들어 반포했습니다.

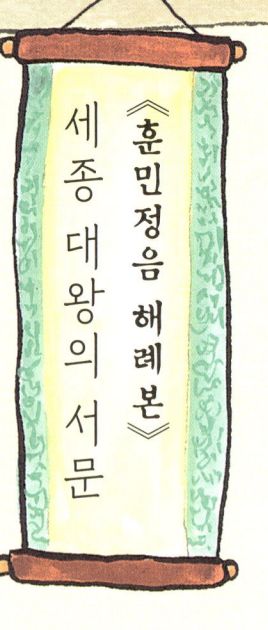

《훈민정음 해례본》 세종 대왕의 서문

훈민정음을 왜 만들었을까?

후손들아! 옛 육조거리인 광화문에 가면 나의 동상이 세워져 있다는 소식을 들었다. 그것은 아마도 훈민정음 때문이라고 생각되는구나. 나와 집현전 학사들이 오랜 연구 끝에 만든 훈민정음을 너희들이 열심히 사용하고 있다니 그것참 반갑고 고마운 일이로구나. 하지만 쓰기 쉬운 글자이다 보니 글자가 만들어진 원리와 그 속에 담긴 수많은 이야기들을 사람들이 종종 잊어버리는 것 같아서 가끔은 속이 상할 때도 있단다. 그래서 《훈민정음 해례본》 속에 담긴 뜻을 차근차근 알려 주어야겠다는 생각이 들었단다. 자, 그럼 지금부터 나와 함께 훈민정음 속으로 여행을 떠나 보자꾸나.

- 우리나라의 말이 중국 말과 달라서 한자와는 서로 통하지 않는다.
- ⇒ 세종 대왕은 글을 모르는 백성들의 불편함과 억울함을 풀어 주고 싶었어요. 백성을 사랑하는 임금의 이러한 마음을 '애민 정신'이라고 해요.

- 이런 이유로 글을 배우지 않은 일반 백성들은 말하고자 하는 바가 있어도 결국에는 제 뜻을 충분히 펼 수 없는 사람이 많다.
- ⇒ 세종 대왕은 우리의 입말과 중국의 글말이 다르므로 조선 입말에 맞는 조선 글과 말을 만들려고 했어요. 이것은 우리에게 맞지 않는 부분은 스스로 만들어 사용하겠다는 '자주 정신'을 나타내지요.

훈민정음 네 글자에 담긴 뜻

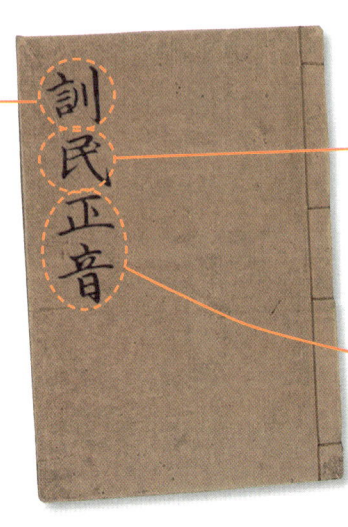

가르칠 훈(訓) : 동기
세종 대왕은 자신이 꿈꾸는 세상을 백성들에게 직접 가르치고 깨닫게 하고 싶었어요.

백성 민(民) : 대상
배워야 될 백성뿐 아니라 백성들을 가르쳐야 할 양반까지 모든 사람을 가리키는 말이에요.

바른 소리 정음(正音) : 목표
누구나 배우기 쉽고 발음이 바르며 정확한 소리, 즉 조선의 표준 발음을 만들려고 했어요.

세계인이 말하는 한글	"한글은 모든 언어가 꿈꾸는 최고의 알파벳."
	존 맨 영국의 문화학자, 역사학자

訓民正音

國之語音。異乎中國。與文字不相流通。故愚民有所欲言。而終不得伸其情者。多矣。予爲此憫然。新制二十八字。欲使人人易習。便於日用耳

ㄱ。牙音。如君字初發聲

훈민정음 1

🎩 이를 안타깝게 여겨 새로 스물여덟 글자를 만들었으니 사람들로 하여금 쉽게 익혀서 나날이 쓰는 데에 편하게 하고자 할 따름이다.

🎩 ⇒ 누구나 짧은 시간 안에 글자를 배우고 쓸 수 있게 28자로 모든 소리를 표현할 수 있도록 연구하고 개발했어요.

《훈민정음 해례본》의 구성

《훈민정음 해례본》은 크게 세종 대왕이 쓴 〈서문〉과 본문에 해당하는 〈예의〉 편, 〈해례〉 편이 있고, 뒤쪽에 정인지가 쓴 〈서문〉으로 구성되어 있어요.

안녕하시오!

| 세종 대왕의 서문 | 예의 편 | 해례 편 | 정인지의 서문 |

11

발음 기관의 모습을 딴 닿소리

《훈민정음 해례본》 예의*편

막상 새로운 글자를 만들려고 하니 어려운 일이 한두 가지가 아니었단다. 그중에서도 가장 고민스러웠던 것은 모양을 어떻게 할 것인가였어. 수천 년간 사용해 오던 뜻글자인 한자와 달리 소리글자를 만드는 것은 풀리지 않는 수수께끼와 같았지. 생각하고, 관찰하고, 연구하기를 거듭하던 어느 날, 드디어 나는 새로운 생각을 떠올렸단다. 그것은 소리를 내는 기관인 발음 기관의 모습을 본떠 모양을 만들어야겠다는 것이었어. 그것이 바로 닿아서 나는 소리인 닿소리(자음)란다.

* 예의: 예의는 훈민정음의 소리 내는 방식 및 운용법을 밝힌 장입니다.

훈민정음 2

어금닛소리

- ㄱ은 어금닛소리이니 군(君) 자의 처음 나는 소리와 같으며, 나란히 쓰면 뀨(虯) 자의 처음 나는 소리와 같은 것이다.
  ㅋ은 어금닛소리이니 쾌(快) 자의 처음 나는 소리와 같은 것이다.
  ㆁ은 어금닛소리이니 업(業) 자의 처음 나는 소리와 같은 것이다.

- ⇒ 어금닛소리인 ㄱ, ㆁ(옛이응), ㅋ에 대해 설명한 부분이에요. 어금닛소리는 혀뿌리가 목구멍을 막아서 나는 소리예요.

혓소리

- ㄷ은 혓소리이니 두(斗) 자의 처음 나는 소리와 같으며, 나란히 쓰면 땀(覃)의 처음 나는 소리와 같은 것이다.
  ㅌ은 혓소리이니 탄(呑) 자의 처음 나는 소리와 같은 것이다.
  ㄴ은 혓소리이니 나(那) 자의 처음 나는 소리와 같은 것이다.

- ⇒ 혓소리인 ㄴ, ㄷ, ㅌ의 소리에 대해 설명한 부분이에요.
  혓소리는 혀가 윗잇몸에 붙으며 나는 소리예요.

훈민정음 5 훈민정음 4

반잇소리

- △(반치음)은 반잇소리이니 샹(穰) 자의 처음 나는 소리와 같은 것이다.

- ⇒ 반잇소리인 △은 지금은 사용하지 않아요. 반잇소리는 혀끝과 이 사이에서 나는 소리예요.

반혓소리

- ㄹ은 반혓소리이니 려(閭) 자의 처음 나는 소리와 같은 것이다.

- ⇒ 반혓소리인 ㄹ의 소리에 대해 설명한 부분이에요. 반혓소리는 혀를 윗잇몸에 대었다 떼면서 나는 소리예요.

> "내가 다시 20대로 돌아간다면 첫 번째로 한글을 배우고 싶다."
> 재러드 다이아몬드 UCLA 교수, 퓰리처상 수상작 《총, 균, 쇠》 저자

훈민정음 1

> 나와 학사들은 우리만의 글자를 만들기 위해 중국을 비롯한 주변 여러 나라의 소리를 연구했단다. 그랬더니 우리말은 소리를 내는 방법으로 나눌 수 있더구나! 어금닛소리, 혓소리, 입술소리, 잇소리, 목구멍소리 등으로 소리가 달랐어. 그래서 이렇게 다섯 가지로 소리를 구분해서 17개의 자음과 발음 기준을 정했어. 그중 ㅇ, ㅎ과 비슷한 발음이었던 ㆁ(옛이응), ㅿ(반치음), ㆆ(여린히읗)은 사라지고 지금은 14개의 자음만 남아 있더구나!

입술소리

- ㅂ은 입술소리이니 볋(彆) 자의 처음 나는 소리와 같으며, 나란히 쓰면 뽀(步) 자의 처음 나는 소리와 같은 것이다.
  ㅍ은 입술소리이니 표(漂) 자의 처음 나는 소리와 같은 것이다.
  ㅁ은 입술소리이니 미(彌) 자의 처음 나는 소리와 같은 것이다.
- ⇒ 입술소리인 ㅁ, ㅂ, ㅍ에 대해 설명한 부분이에요. 입술소리는 두 입술 사이에서 나는 소리예요.

잇소리

- ㅈ은 잇소리이니 즉(即) 자의 처음 나는 소리와 같으며, 나란히 쓰면 짜(慈) 자의 처음 나는 소리와 같은 것이다.
  ㅊ은 잇소리이니 침(侵) 자의 처음 나는 소리와 같은 것이다.
  ㅅ은 잇소리이니 슗(戌) 자의 처음 나는 소리와 같으며, 나란히 쓰면 쌰(邪) 자의 처음 나는 소리와 같은 것이다.
- ⇒ 잇소리인 ㅅ, ㅈ, ㅊ에 대해 설명한 부분이에요. 잇소리는 혀끝과 이 사이에서 나는 소리예요.

목구멍소리

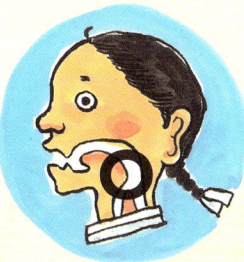

- ㆆ(여린히읗)은 목구멍소리이니 흡(挹) 자의 처음 나는 소리와 같은 것이다.
  ㅎ은 목구멍소리이니 허(虛) 자의 처음 나는 소리와 같으며, 나란히 쓰면 뾩(洪) 자의 처음 나는 소리와 같은 것이다.
  ㅇ은 목구멍소리이니 욕(欲) 자의 처음 나는 소리와 같은 것이다.
- ⇒ 목구멍소리인 ㅇ, ㅎ, ㆆ의 소리에 대해 설명한 부분이에요. 목구멍소리는 목구멍에서 나는 소리예요.

훈민정음 3

17개 닿소리(자음): ㄱ(기역) ㅋ(키읔) ㆁ(옛이응) ㄷ(디귿) ㅌ(티읕) ㄴ(니은) ㅂ(비읍) ㅍ(피읖) ㅁ(미음) ㅈ(지읒) ㅊ(치읓) ㅅ(시옷) ㆆ(여린히읗) ㅎ(히읗) ㅇ(이응) ㄹ(리을) ㅿ(반치음)

〰️ : 소실 문자

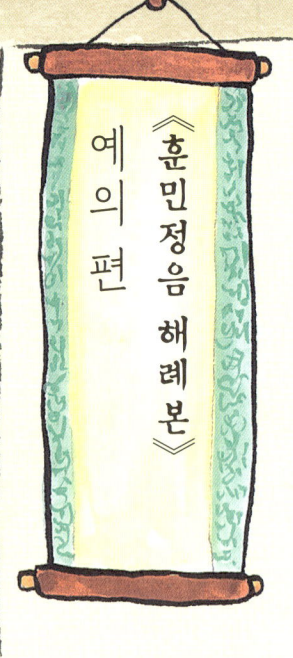

《훈민정음 해례본》 예의편

가운뎃소리인 홀소리와 글자의 어울림

'발음 기관을 본뜬 글자', 지금 떠올려 봐도 참 멋진 생각이었지만 그다음이 문제였어. '이 모양들을 어떻게 어우러지게 조합해서 글자를 만들까?', '사람들이 처음 접하는 글자를 자연스럽게 받아들이게 하려면 어떻게 해야 할까?' 하는 고민에 빠졌지. 그런데 그 해답을 천지 만물, 즉 자연에서 찾았단다. 바로 하늘과 땅 사이에 사람이 살듯, 하늘과 땅과 사람을 닮은 세 가지 모양의 홀소리(모음)를 만들었지. 그리고 홀소리와 닿소리를 서로 어울리게 한다면 자연을 담은 글자가 되지 않을까 생각했단다.

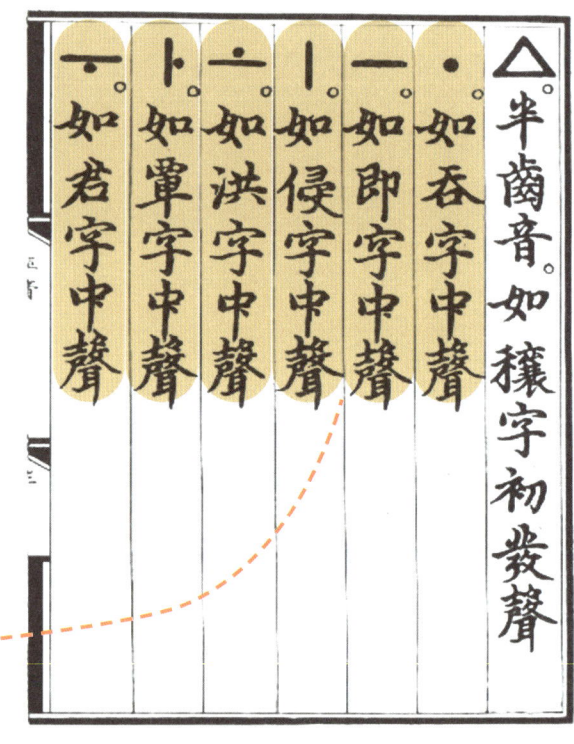

훈민정음 5

· 는 탄(呑) 자의 가운뎃소리와 같은 것이다.
ㅡ는 즉(卽) 자의 가운뎃소리와 같은 것이다.
ㅣ는 침(侵) 자의 가운뎃소리와 같은 것이다.
ㅗ는 홍(洪) 자의 가운뎃소리와 같은 것이다.
ㅏ는 땀(覃) 자의 가운뎃소리와 같은 것이다.
ㅜ는 군(君) 자의 가운뎃소리와 같은 것이다.
ㅓ는 업(業) 자의 가운뎃소리와 같은 것이다.
ㅛ는 욕(欲) 자의 가운뎃소리와 같은 것이다.
ㅑ는 샹(穰) 자의 가운뎃소리와 같은 것이다.
ㅠ는 슗(戍) 자의 가운뎃소리와 같은 것이다.
ㅕ는 볃(彆) 자의 가운뎃소리와 같은 것이다.

⇒ 한글의 가운뎃소리, 그러니까 모음의 모든 종류를 한자의 예를 들어 보여 주고 있어요. 이 중 · 는 ㅏ와 ㅜ의 중간 발음으로 여겨지는데, 현재는 유일하게 사라진 홀소리(모음)예요. 그리고 땀(覃), 슗(戍), 볃(彆)은 지금은 '담', '술', '별'로 읽는답니다. 이처럼 한자를 읽는 소리가 바뀌었다는 사실도 알 수 있어요.

소리 문자, 자질 문자, 단어 문자인 한글

영국의 언어학자 제프리 샘슨 교수는 한글이 발음 기관의 모습을 바탕으로 만들었다는 것도 독특하지만 가획의 원리*는 대단히 체계적이고 훌륭하다고 극찬했어요. 그러면서 그동안 소리글자(표음 문자)로 분류했던 한글을 새로운 차원의 자질 문자*로 분류했습니다. 한글을 세계 최초이자 세계 유일의 자질 문자로 인정한 것이지요. 또한 한글 표기에서 '삼'과 '삶', '집'과 '짚' 등의 쌍은 서로 발음은 같지만 의미가 다릅니다. 이처럼 단어를 구별하기 위하여 받침 표기를 서로 다르게 쓰는데, 이러한 점에서 한글은 단어 문자의 특징도 가지고 있답니다. 소리 문자에 자질 문자, 단어 문자의 특징을 모두 갖춘 한글은 세계인이 인정하는 우수하고도 특별한 글자랍니다.

* **가획의 원리**: 기본 글자에 획을 더하여 같은 성질의 소리를 만드는 방법으로, ㄱ에 한 획을 더해 ㅋ이 되는 것과 같은 원리를 말해요.
* **자질 문자**: 발음의 최소 단위의 음운(모음과 자음)의 변화로 소리의 변화를 가져오는 문자를 말해요.

> "조선의 한강 유역의 하층민들 또한 한글을 읽을 수 있다는 사실에 놀랐다."
> **이사벨라 버드 비숍** 영국 지리학자, 《한국과 그 이웃 나라들》 저자

이 면에는 홀소리에 대한 설명을 담았으니 잘 들어 보세요.

🧑‍🏫 끝소리에는 다시 첫소리 글자를 쓴다.

⇒ 글자의 첫소리로 쓴 것을 받침에도 다시 사용한다는 뜻이에요. 글자가 어울리는 방법 중의 하나를 설명한 거예요.

🧑‍🏫 ㅇ를 입술소리 아래에 이어 쓰면 입술 가벼운 소리가 된다.

⇒ 지금은 거의 사라지고 경상도 사투리에만 남은 순경음(가벼운 발음)에 대한 이야기예요. 입술소리인 ㅂ, ㅃ, ㅍ, ㅁ 외에 이보다 더 가벼운 ㅸ, ㆄ, ㆅ, ㅱ가 있었어요.
이 중 실제로 일상생활에 쓰인 글자는 ㅸ(가벼운 비읍)이에요. ㅸ은 입술을 살짝 붙였다 떼면서 발음했어요.
경상도 사투리에서 "아이 더워라."를 "아이 더버라(더버라)."라고 하는 것처럼요.

🧑‍🏫 첫소리 글자를 어울려 쓰려면 나란히 써야 하니 끝소리도 이와 같은 것이다.

⇒ 첫소리에 쓰이는 쌍자음이 받침에 ㄲ, ㅆ, ㅉ, ㄺ, ㄳ 등도 쓸 수 있다는 말이에요.

🧑‍🏫 ㆍ ㅡ ㅗ ㅜ ㅛ ㅠ 는 첫소리 글자 아래에 붙여 쓰고, ㅣ ㅏ ㅓ ㅑ ㅕ 는 오른쪽에 붙여 쓴다.

⇒ 소리를 합하는 규칙이에요. 오늘날에도 그대로 쓰고 있어요.
ㄱ, 그, 고, 구, 교, 규는 아래에 붙여 쓴 거예요.
기, 가, 거, 갸, 겨는 오른쪽에 붙여 쓴 거예요.

🧑‍🏫 무릇 글자는 반드시 어울려야만 소리를 이루는 것이다.

⇒ 오늘날에는 지켜지지 않는 규칙이에요. 지금은 받침을 쓰지 않는 글자도 있지만 처음 훈민정음을 만들었을 때는 한자어에 대해서는 소리가 나지 않더라도 반드시 받침을 써야 했답니다. 그렇지만 발음할 때는 받침소리를 내지 않았어요. 예를 들어 미(彌)의 경우 발음은 '미'라고 했지만 '밍'이라고 썼습니다.

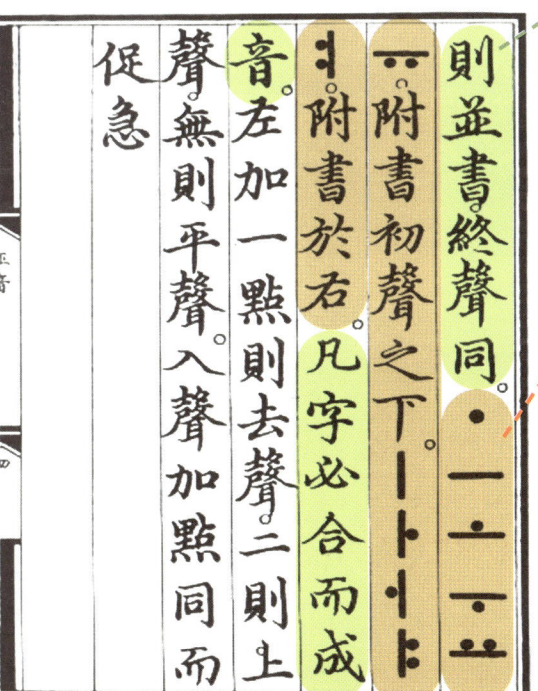

훈민정음 6

훈민정음 7

11개 홀소리(모음): ㆍ(아래아) ㅡ(으) ㅣ(이) ㅗ(오) ㅏ(아) ㅜ(우) ㅓ(어) ㅛ(요) ㅑ(야) ㅠ(유) ㅕ(여)

〰〰 : 소실 문자

15

《훈민정음 해례본》 해례*편 제자해*

첫소리를 만든 원리

나는 글 속에 자연과 우주 만물의 법칙을 담고 싶었단다. 그게 가능하냐고? 그래, 쉽진 않았지. 그러나 백성들이 쉽게 쓸 수 있는 글자라고 해서 함부로 만들 수는 없는 법이다. 백성이야말로 이 나라의 근본이니 백성이 쓰는 글자는 더욱 깊고 바른 뜻을 품어야 되지 않겠느냐? 내가 얼마나 심혈을 기울여 글자를 만들었는지 글자의 첫소리(초성)부터 함께 살펴보자꾸나.

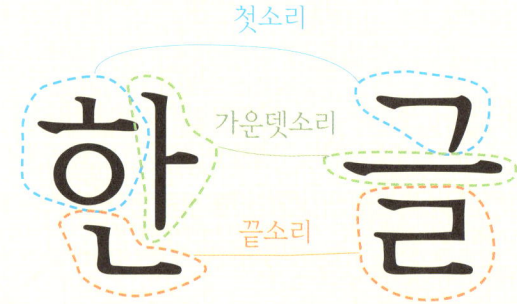

* **해례**: 해례는 예의 편에서 간략하게 설명하고 있는 내용을 제자, 초성, 중성, 종성, 합자, 용자 등 여섯 부분으로 나누어 상세히 설명하는 장입니다. 5해와 1례로 구성되어 있습니다.

* **제자해**: 모양을 본떠 만든 상형 등 글자가 만들어진 원리에 대해 풀이하는 부분입니다.

- 훈민정음 스물여덟 자는 각각 그 모양을 본떠서 만들었다. 첫소리(초성)는 모두 열일곱 자이다. 어금닛소리 ㄱ은 혀뿌리가 목구멍을 닫는 모양을 본뜬 것이며, 혓소리 ㄴ은 혀가 윗잇몸에 붙는 모양을 본뜨고, 입술소리 ㅁ은 입 모양을 본뜨고, 잇소리 ㅅ은 이 모양을 본뜨고, 목구멍소리 ㅇ은 목구멍의 모양을 본뜬 것이다.

- ⇒ 자음을 만든 원리를 설명하는 부분이에요. 여기서 모양이란 목구멍, 어금니, 혀, 이, 입술 등이 움직이는 모양을 말해요. 다섯 가지 발음 기관의 모습을 본뜬 글자로, 자음은 우리 몸에 숨어 있던 글자라 할 수 있어요.

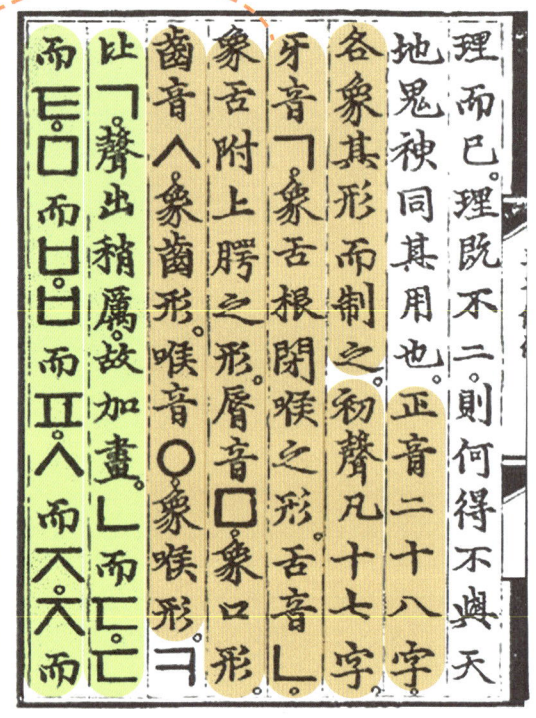

훈민정음 10

오늘날과 다른 자음의 순서

《훈민정음 해례본》에서 소개한 자음 순서는 ㄱㅋㆁㄷ순이에요. 그런데 지금 우리가 알고 있는 순서는 ㄱㄴㄷㄹ로 다릅니다.

그 이유는 처음 훈민정음을 만들 때는 어금닛소리, 혓소리 등 소리를 만드는 원리에 따라 자음 순서를 배열했기 때문입니다. 그런데 1527년 최세진이 어린이를 위한 《훈몽자회》(한자 학습서)를 만들면서 자주 쓰이는 순서로 글자를 배열하면서 ㄱㄴㄷㄹㅁㅂㅅㆁㅋㅌㅍㅈㅊㅿㅇㅎ순으로 바꾸었어요. 이것이 널리 사용되면서 지금과 같이 ㄱㄴㄷㄹㅁㅂ 순으로 바뀌었지요.

> "문자를 통해 정보를 체계화하겠다는 시도가 600년 전에 있었다는 것은 놀라운 일이다."
> 에릭 슈미트 구글 전 회장

가획, 즉 획을 더해 다른 소리를 만든 원리는 요즘의 컴퓨터 자판 활용에 아주 적합하다고 하더구나!

- ㅋ은 ㄱ에 비하여 소리가 더 세게 나므로 획을 더하였다. ㄴ에서 ㄷ, ㄷ에서 ㅌ, ㅁ에서 ㅂ, ㅂ에서 ㅍ, ㅅ에서 ㅈ, ㅈ에서 ㅊ, ㅇ에서 ㆆ(여린히읗), ㆆ에서 ㅎ으로 그 소리에 따라 획을 더한 뜻은 모두 같으나 오직 ㆁ(옛이응)만은 다르다. 반혓소리 ㄹ과 반잇소리 ㅿ 또한 혀와 이 모양을 본뜨기는 했으나 그 본을 달리하였으므로 획을 더한 뜻은 없다.

- ➡ ㄱ이 ㅋ이 되고 ㄴ이 ㄷ, ㅌ이 되는 것을 획이 더해지는 가획의 원리라고 해요. 따라서 훈민정음의 자음은 5개의 기본자(ㄱ ㄴ ㅁ ㅅ ㅇ)와 9개의 가획자(ㅋ ㄷ ㅌ ㅂ ㅍ ㅈ ㅊ ㆆ ㅎ)와 3개의 이체자(ㆁ ㄹ ㅿ)로 이루어져 있는 셈이지요.

훈민정음 11

자연과 하나 되는 글자, 훈민정음

훈민정음의 가장 큰 특징은 자연을 닮은 글자라는 것입니다. 자연을 닮은 글자라니, 무슨 말일까요? 우리 조상들은 사람을 자연의 일부로 여겼기에 사람들이 쓰는 글자도 자연의 변화를 담아야 된다고 생각했어요. 자연은 다섯 가지 요소(오행)로 이루어져 있으니 글자도 다섯 가지 소리(목구멍, 어금니, 혀, 이, 입술)로 만들어져야 된다고 여겼던 거예요. 또한 우리 조상들은 글자뿐 아니라 음악 소리도, 방향도, 색깔도, 계절도 다섯으로 나누었답니다.

오음(발음)	목구멍소리	어금닛소리	혓소리	잇소리	입술소리
오행	물	나무	불	쇠	흙
오시	겨울	봄	여름	가을	늦여름
오음(음악)	우	각	치	상	궁
오방	북	동	남	서	중앙
오색	검은색	파란색	붉은색	흰색	노란색

《훈민정음 해례본》
해례편 제자해

가운뎃소리를 만든 원리

한글의 첫소리(초성)를 잘 보았느냐? 그럼 이제 가운뎃소리(중성)를 살펴볼까? 매일같이 한글을 쓰는 너희들이 더 잘 알겠지만 가운뎃소리는 모음이란다. 모음은 자음과 자음을 연결하는 중요한 역할을 하지. 그래서 앞서 이야기한 것처럼 그 모습을 만물을 주재하는 천지인, 즉 하늘과 땅과 인간으로 정했어. 기본 모음은 원래 11개이지만 모음이 서로 합쳐져서 더 많은 모음을 만들어 냈단다. 과연 몇 개나 될지 궁금하지 않느냐? 함께 알아보자꾸나.

현대의 모음은 ㅏㅑㅓㅕㅗㅛㅜㅠㅡㅣ 총 10개더구나. ㆍ(아래아)가 지금은 쓰이지 않기 때문이지.

🧑 가운뎃소리(중성)는 무릇 열한 자이다.
ㆍ소리의 글자 모양이 둥근 것은 모습이 하늘을 닮은 것이다.
ㅡ 소리의 글자 모양이 평평한 것은 모습이 땅을 닮은 것이다.
ㅣ 소리의 글자 모양이 서 있는 것은 모습이 사람을 닮은 것이다.

🪨 ⇒ 세종 대왕은 모음 중 으뜸을 ㆍㅡㅣ로 보았어요. 하늘과 땅 그리고 사람이 세상을 이루고 있는 가장 중요한 세 가지로 보았거든요.

훈민정음 17   훈민정음 16

지구상에서 가장 과학적인 글자

세계 언어학자들이 입을 모아 칭찬하는 훈민정음의 놀랍고도 자랑스러운 점은 현대 컴퓨터, 인터넷 환경에도 매우 적합한 과학적인 글자라는 거예요. 글자가 더해지는 가획의 원리나 자음과 모음이 합해지는 방식, 글자가 모두 초성·중성·종성으로 구성되는 점들이 컴퓨터 사용 원리에 아주 잘 들어맞기 때문이에요. 휴대 전화로 문자 메시지를 보낼 때도 한글의 편리함을 느낄 수 있지요. 그래서 세계의 과학자들로부터 시대를 앞서간 글자라는 찬사를 받고 있답니다.

> "한글은 신이 인간에게 내린 선물."
> 제프리 샘슨 영국 언어학자

세종 대왕은 훈민정음의 홀소리 · ㅡ ㅣ를 하늘, 땅, 사람을 본떠 만들었어요.

ㅗ ㅏ ㅜ ㅓ는 하늘과 땅에서 시작되었고 처음 나온 글자가 되었다. ㅛ ㅑ ㅠ ㅕ는 사람을 겸하게 되었으니 다시 만든 글자가 되는 것이다. ㅗ ㅏ ㅜ ㅓ에 둥근 점(획)이 하나인 것은 처음 생긴 뜻을 말하는 것이며, ㅛ ㅑ ㅠ ㅕ에 둥근 점(획)이 두 개인 것은 다시 생긴 글자임을 나타내기 위함이다.

⇒ 모음이 만들어진 원리와 순서를 알 수 있는 내용입니다. · ㅡ ㅣ의 나머지 모음 역시 하늘과 땅과 사람이 어우러져야 된다고 생각해서 ㅗ ㅏ ㅜ ㅓ를 먼저 만들고 이어서 ㅛ ㅑ ㅠ ㅕ를 만들었어요. 사람은 하늘과 땅, 즉 자연과 함께 살아가야 함을 훈민정음의 모음 속에 담은 것이에요.

1단계(처음 나온 글자)		2단계(다시 만든 글자)	
하늘	· ㅗ ㅏ	하늘 + 사람	ㅛ ㅑ
땅	ㅡ ㅜ ㅓ	땅 + 사람	ㅠ ㅕ
사람	ㅣ		

훈민정음 19   훈민정음 18

관리들의 시험 과목, 훈민정음

훈민정음이 만들어졌지만 조선의 양반들은 자신들의 입지가 좁아질 것이 두려워 배우기 쉽고 사용이 편리한 새 글자를 좋아하지 않았지요. 임금이 권장하는 것만으로는 지배층인 양반들을 설득할 수 없었습니다. 그래서 조선의 법전인 《경국대전》에 명시하여 언문(훈민정음)을 과거 시험의 공식 과목으로 정했습니다. 이렇게 되면 양반들이 싫더라도 공부하지 않을 수 없을 테니까요. 그런데 한글이 한번 익히면 쓰지 않을 수 없을 만큼 편한 글자이다 보니 결국 양반들도 자식들을 공부시키는 교재로 언문 교재와 한자 교재를 함께 썼다고 합니다.

《훈민정음 해례본》 해례편 제자해

글자의 끝소리, 받침

글자를 이루는 마지막인 끝소리는 다시 첫소리로 정했단다. 계절이 돌고 돌듯 글자도 순환해야 한다고 생각했기 때문이야. 그런데 처음에는 이런 뜻이 담긴 훈민정음을 알아주는 이가 많지 않았어. 심지어 내 후손인 연산군은 훈민정음을 쓰지 못하도록 했었다는구나. 괘씸한 일이지만 결국 백성들의 원망을 사다가 임금의 자리에서 쫓겨났으니 더 할 말은 없구나. 다행히 시간이 흐르면서 점차 여러 사대부와 여인들이 훈민정음으로 훌륭한 문학 작품을 많이 만들어 내면서 자리를 잡아 갔으니 참으로 뿌듯하구나.

- 끝소리(받침)에 첫소리 글자(자음)를 다시 쓰기로 한 것은 세상의 기운이 두루 흐르며 사계절의 운행이 돌고 돌아 끝이 없으므로 봄이 여름과 가을을 거쳐 겨울이 되고, 겨울에서 다시 봄이 되는 것이니 초성이 종성이 되고, 종성이 다시 초성이 되는 것은 이와 같은 이치이다.
- ⇒ 세종 대왕이 받침 글자를 따로 만들지 않은 이유를 알 것 같나요? 글자도 자연의 섭리를 따라야 한다고 생각했기 때문에 17개의 자음(현재는 14개)을 시작과 끝에 함께 쓰기로 한 것입니다.

훈민정음 24

한글로 쓴 뛰어난 작품들

훈민정음이 나오기 전까지만 해도 양반 사대부들은 시나 소설을 지을 때 한자를 사용하였습니다. 하지만 한자로는 우리말을 맛깔스럽게 표현할 수 없었지요. 요즘 즐겨 쓰는 "헐~", "아싸!"와 같은 감탄사나 "머라 카노?", "싸게 와야!" 같은 사투리는 한자로 표현할 수가 없었으니까요. 그러다 보니 훈민정음이 만들어진 후에 시와 소설 등에서 감정이 잘 표현된 뛰어난 작품들이 많이 나왔습니다. 최초의 가사 문학인 정극인의 〈상춘곡〉, 최초의 한글 소설인 허균의 《홍길동전》, 한글 시조인 이황의 〈도산십이곡〉을 비롯해 정철의 〈관동별곡〉, 윤선도의 〈어부사시사〉, 김만중의 《구운몽》, 혜경궁 홍씨의 《한중록》 등이 대표적인 한글 문학 작품으로 손꼽힙니다.

"한글은 전 세계에서 가장 단순하며 가장 훌륭한 글자다."

펄 벅 퓰리처상, 노벨 문학상 수상작 《대지》작가

글자의 끝소리에는 다시 첫소리를 사용하게 했어요. 이것은 돌고 도는 자연의 섭리를 생각한 것이지요.

🔸 아, 훈민정음이 만들어지는 것에 천지 만물의 이치가 모두 들어 있으니 참으로 신비롭도다. 하늘이 임금님의 마음을 열어 우주의 솜씨를 빌려준 것이로다.

🔸 ⇒ 마지막 문장에서 드러나듯 세종 대왕은 글자가 천지 만물을 표현할 수단이라 생각하여 '천지 만물의 이치'를 글자 속에 넣으려 했습니다. 하늘과 땅과 인간, 그리고 세상을 이루는 흙, 불, 물, 나무, 쇠, 돌고 도는 계절의 변화, 음양의 이치가 모두 담긴 글자 말이지요. '하늘이 임금님 마음속에 솜씨를 빌려주었다.'는 것을 보면 세종 대왕도 만들어진 글자를 보고 무척 흡족했던 것 같습니다. 알면 알수록 한글에 담긴 크고도 깊은 뜻이 대단하지 않나요?

훈민정음 25

연산군과 한글 비방 사건

"지금 임금은 어떤 임금이기에 신하 죽이기를 파리 목숨 죽이듯 하는가?"

"옛날 임금은 옳지 않은 짓을 하지 않았는데 지금 임금은 여색이라면 가리는 것이 없다."

조선의 제10대 왕이었던 연산군이 나쁜 일을 많이 저지르며 신하를 죽이고 백성을 괴롭히자 참다못한 사람들이 한글로 왕을 비난하는 글을 써서 붙이기 시작했습니다. 백성들이 자신들의 마음을 글로 표현한 것이지요. 한글로 지배층을 욕하거나 비판하는 일은 세종과 성종 때도 종종 있었지만 연산군 때처럼 왕이 비난당하는 것은 아주 드문 일이었습니다. 이에 분노한 연산군은 "앞으로는 언문을 가르치지도 말고 배우지도 말며, 이미 배운 자도 쓰지 못하게 하고, 언문을 아는 모든 자를 적발하여 고하게 하되, 알고도 고발하지 않는 자는 이웃 사람을 아울러 벌주라."고 명을 내렸습니다. 하지만 이미 등을 돌린 백성들의 성난 민심은 들불처럼 퍼져 나가 결국 자신의 잘못을 고치지 않은 연산군은 왕의 자리에서 쫓겨났습니다.

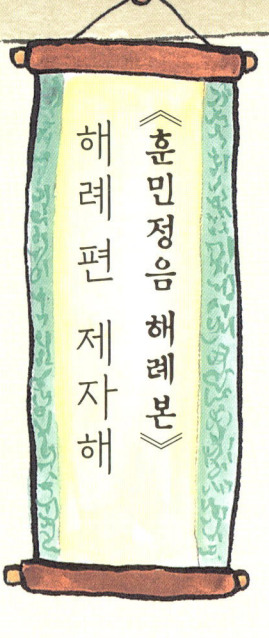

《훈민정음 해례본》 해례편 제자해

7언시로 풀이한 제자 원리

설명이 아니라 갑자기 일곱 줄로 된 시가 나와서 놀랐지? 그럴 만도 할 게야. 내가 살던 조선 시대에는 양반 사대부라면 누구나가 다 시인이었단다. 임금 역시 마찬가지였지. 그래서 지금껏 설명한 글자가 만들어진 원리, 즉 제자해를 다시 한번 시로 정리해 보았단다. 함께 살펴보자꾸나.

🧔 결에 이르기를 천지의 조화는 본래 하나의 기운이니
음양오행이 서로 만나 시작되고 끝을 맺네.
하늘과 땅 사이 모든 것은 모습과 소리가 있는데
원래 근본은 둘이 아니며 이치와 수(數)로 통하네.
훈민정음의 제자는 그 모양을 본떠서
소리의 세기에 따라 획을 더하였네.

👦 ⇒ 결은 제자해의 내용을 쉽게 요약해서 알려 준다는 뜻이에요. 글공부를 하는 학자들답게 내용을 7언시로 표현하며 가획의 원리를 다시 한번 강조했어요.

훈민정음 26

훈민정음 25

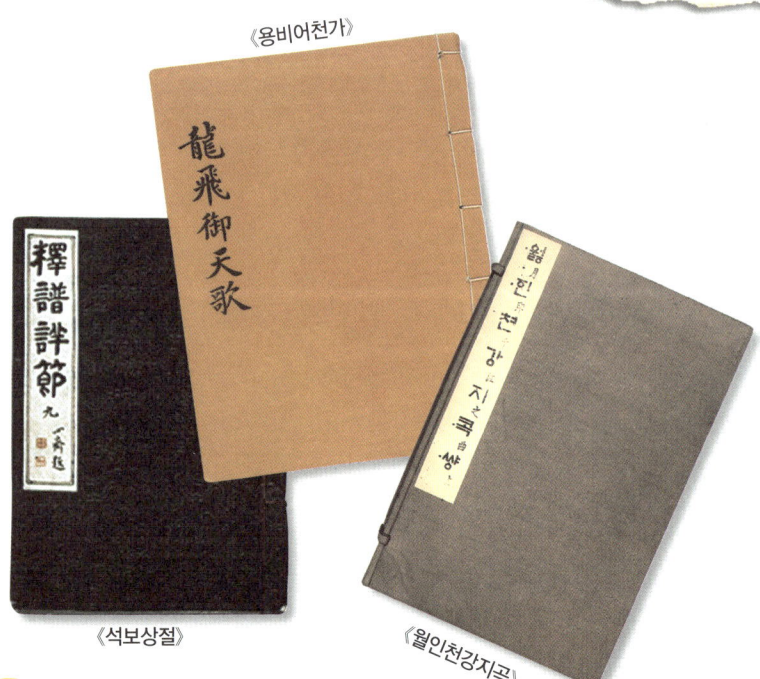

《용비어천가》
《석보상절》
《월인천강지곡》

훈민정음으로 쓴 작품
《용비어천가》, 《석보상절》, 《월인천강지곡》

여러분이 새로운 글자를 만들었다면 그 글자로 어떤 책을 가장 먼저 만들고 싶나요? 세종 대왕은 훈민정음으로 만들 첫 책의 주제를 '조선 왕조 창업의 기쁨'으로 정했습니다. 아무래도 조선이 건국된 지 얼마 안 되었기 때문에 백성들에게 가장 먼저 들려주고 싶은 이야기였겠지요. 그렇게 만들어진 《용비어천가》(1445)는 10권이나 되는 책으로, 훈민정음으로 쓴 최초의 작품이며 조선 건국을 축하하는 시가 담겨 있답니다. 《석보상절》(1447)과 《월인천강지곡》(1449)은 세종 대왕의 왕비인 소헌 왕후의 명복을 비는 불교 내용이 담긴 책으로, 《용비어천가》와 더불어 최초의 한글 쓰임새를 알 수 있는 귀중한 문화유산입니다.

> "한글보다 뛰어난 문자는 세계에 없다. 한글은 세계의 알파벳이다."
> 로버트 램지 미국 언어학자

훈민정음의 글자가 비록 스물여덟 자뿐이지만
숨은 이치와 복잡한 내용을 찾아 깊은 뜻을 밝혀낼 수 있네.
뜻은 멀되 말은 가까우니 백성을 착하게 인도하리라.
이는 하늘이 주신 것이니 어찌 사람의 지혜와 기교로
된 것이리오.

⇒ 7언시의 마지막 문장에서는 훈민정음으로 모든 말과 뜻을 펼칠 수 있다는 세종 대왕의 자신감이 엿보여요. '뜻'이 한자라면 '말'은 훈민정음이니 소리글자인 훈민정음이 백성들에게 쉽게 쓰이게 될 것이라는 기대도 담겨 있습니다.

훈민정음 36

> 한자는 하나하나의 글자가 각기 다른 뜻을 가지고 있는 표의 문자란다. 그래서 3,000~5,000자의 한자를 외워야 기본적인 의사를 표현할 수 있다고 해. 또한 알파벳은 하나에 10개 이상의 소리가 나는 경우가 있어서 소리를 낼 때 어떤 소리를 내야 할지 헷갈리곤 하더구나. 하지만 한글은 24자의 문자만 익히면 수많은 단어를 만들어 낼 수 있고, 글자당 하나의 소리로 표현되기 때문에 소리가 헷갈릴 일도 없단다.

> 《독립신문》은 우리말 띄어쓰기를 처음 도입한 것으로 유명하지요.

최초의 한글 신문, 《독립신문》

4월 7일은 신문의 날입니다. 이날은 우리나라 최초의 한글 신문인 《독립신문》의 탄생을 기념하기 위한 날이에요. 한자로만 기사를 썼던 《한성순보》와는 달리 《독립신문》은 한글 3면에 영어 1면으로 구성되어 더 많은 백성들과 외국인들이 볼 수 있었습니다. 특히 3면에는 광고나 우체(우편물) 시간표, 선박 시간표 등이 실려 있어 당시의 모습을 잘 알 수 있답니다.

《훈민정음 해례》 해례편 초성해*

첫소리를 알아보자!

소리를 낼 때 가장 먼저 나는 소리는 무엇일까? 이 점이 첫소리를 연구하는 데 가장 어렵고 고민스러운 부분이었단다. 그렇다고 무턱대고 모든 소리를 내 볼 수도 없는 노릇이었지. 그래서 중국을 비롯한 여러 나라의 음운서(소리를 정리한 책)를 깊이 연구했단다. 이를 바탕으로 우리의 첫소리를 정리할 수 있었지. 그럼 우리의 첫소리를 함께 알아보자꾸나.

이 면에는 첫소리에 대한 풀이를 담았단다. 잘 들어 보렴.

* **초성해**: 글자의 첫소리(초성)를 풀이하는 부분입니다.

🧑 훈민정음의 초성은 곧 중국 운서의 자모이니 소리가 이로부터 생겨나므로 모(母)라고 하는 것이다. 어금닛소리 군(君) 자의 초성은 ㄱ인데, ㄱ이 ㅜㄴ과 어울려 군이 되고, 쾌(快) 자의 초성은 ㅋ인데, ㅋ이 ㅙ와 어울려 쾌가 되며 뀨(虯) 자의 초성은 ㄲ인데 ㄲ이 ㅠ와 어울려 뀨가 되고, 업(業) 자의 초성은 ㆁ인데, ㆁ이 ㅓㅂ과 어울려 업이 되는 것과 같다.

🪨 ⇒ 세종 대왕은 소리의 기준을 잡기 위해 그 당시 가장 발달한 중국의 음운서*를 비롯한 여러 나라의 음운서를 연구했습니다. 그 결과 훈민정음을 중국의 음운 체계를 뛰어넘는 글자로 만들었습니다.

* **중국 음운서**: 첫소리가 동일한 발음이 나는 중국 글자들 중 하나를 대표 발음으로 골라 발음을 정리하고 엮은 사전입니다.

훈민정음 36

정조가 세손 때 쓴 한글 편지

정조가 외숙모에게 보내는 편지

상풍(가을 바람)에 기후 평안하시온지 (숙모님의) 문안 알기를 바라옵니다. 뵌 지가 오래되어 섭섭하고 그리웠는데, 어제 (보내 주신) 편지를 보고 든든하고 반갑사오며 할아버님께서도 평안하시다고 하니 기쁘옵니다.   원손(元孫)

정조가 다섯 살 무렵 혼자 계신 외숙모님께 보낸 편지예요. 글씨는 비뚤배뚤이지만 외숙모를 걱정하고 그리워하는 마음이 잘 담겨 있습니다.

> "한글은 그 무엇과도 비교할 수 없는 문자의 사치이며, 세계에서 가장 진보한 문자."
> 게리 레드야드 미국 컬럼비아 대학 명예 교수, 언어학자

훈민정음은 철저한 연구 결과로 탄생했어요. 아마 훈민정음을 따라올 수 있는 글자는 없을 거예요.

- 혓소리 '두, 탄, 땀, 나' 입술소리 '볃, 표, 뽀, 미' 잇소리 '즉, 침, 쪼, 슌, 쌰' 목구멍소리 '흡, 허, 뽕, 욕' 반혓반잇소리 '려, 샹' 모두 이를 따른다.
- ⇒ 한자의 음을 이용한 예를 들어 초성을 구분하고 있어요. 혓소리는 ㄷ, ㅌ, ㄸ, ㄴ, 입술소리는 ㅂ, ㅍ, ㅃ, ㅁ, 잇소리는 ㅈ, ㅊ, ㅉ, ㅅ, ㅆ 등으로 말이에요.

훈민정음 37

선조가 정숙 옹주에게 보내는 편지

(네가 쓴) 편지 보았다. (정안 옹주의 얼굴에) 돋은 것은 그 방이 어둡고 날씨도 음하니 햇빛이 (그 방에) 돌아서 들면 내가 (상태를) 친히 보고 자세히 기별하마.
대강 약을 쓸 일이 있어도 의관과 의녀를 (그 방에) 들여 대령하게 하려 한다. 걱정 마라. 자연히 좋아지지 않겠느냐.

임금님들은 시집간 딸에게 한글 편지를 남기곤 했답니다. 이 편지는 마마(천연두)에 걸린 동생 정안 옹주를 염려하는 정숙 옹주의 편지를 받고 선조가 보낸 답장으로, 병든 딸을 걱정하는 아버지의 마음과 다른 자식들을 안심시키려는 배려의 마음을 엿볼 수 있어요.

선조가 쓴 한글 편지

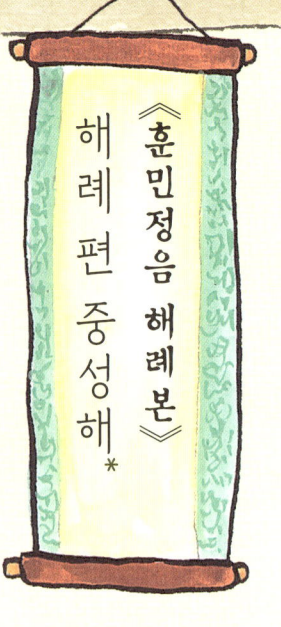

《훈민정음 해례본》
해례편 중성해*

가운뎃소리를 알아보자!

여기서는 가운뎃소리인 중성이 무엇인지 자세히 살펴보자꾸나. 그런데 중성인 모음은 합한다고 무조건 소리가 되는 것은 아니란다. 쓰임새가 가장 많은 'ㅣ'처럼 모든 모음 소리에 어울리는 것이 있는가 하면 그렇지 않은 것도 있지. 어떤 모음이 합쳐졌을 때 소리가 되고 안 되는지 한번 적어 보면서 곰곰이 생각해 보렴. 내가 얼마나 꼼꼼하게 규칙을 정했는지 알게 될 거야.

*중성해: 글자의 가운뎃소리(중성)를 풀이하는 부분입니다.

- 중성은 자운의 가운데에 있어서 초성과 종성을 합하여 음절을 이루는 것이다. 튼(呑) 자의 중성은 ㆍ인데, ㆍ는 ㅌ과 ㄴ 사이에 있어서 튼이 되고, 즉(即) 자의 중성은 ㅡ인데, ㅡ가 ㅈ과 ㄱ 사이에 있어서 즉이 되며, 침(侵) 자의 중성은 ㅣ인데, ㅣ가 ㅊ과 ㅁ 사이에 있어서 침이 되는 것과 같다.

- ⇒ 가운뎃소리(중성)에 대해 설명한 부분이에요. 중성은 글자의 가운데 들어가는 모음이에요. 여러분도 글자를 하나하나 보며 가운뎃소리인 중성을 찾아보세요.

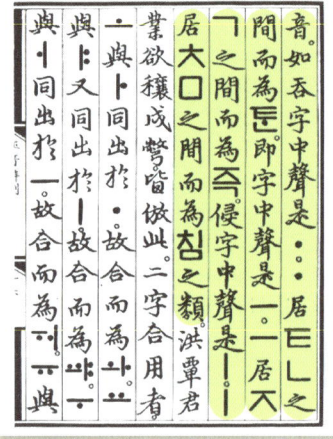
훈민정음 39

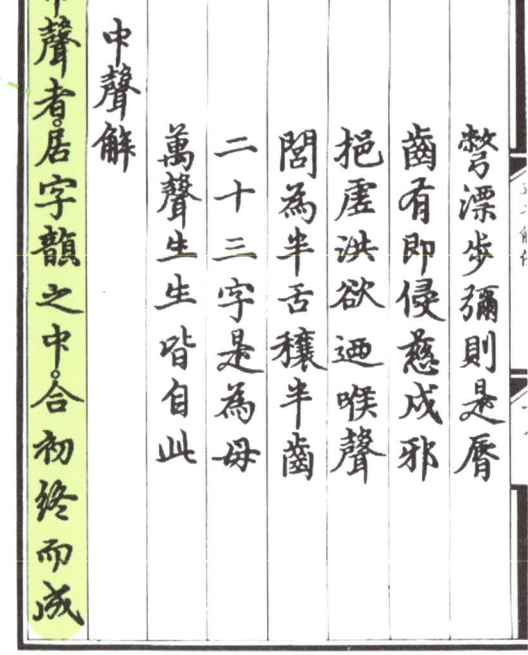
훈민정음 38

학자 유희의 말대로 한글의 우수성이 널리 알려지고 있다니 참 기쁩니다.

조선 후기 가장 뛰어난 국어 연구서, 《언문지》

1824년(순조 24) 실학자인 유희는 스승과 함께 훈민정음을 수개월 간 연구한 뒤 한글 연구서인 《언문지》를 만들었습니다. 책을 만든 이유는 한자음으로 다른 한자음을 표현하고 가르치다 보니 시간이 지나며 음이 바뀌는 경우가 많아 이를 바로잡기 위함이었습니다. 유희는 《언문지》에서 언문(한글)은 체계가 정연하여 배우기가 쉽고, 글자 수가 적어 잘못 쓰이지도 잘못 읽히지도 않기 때문에 음이 정확히 후세에 전해진다며, 언문의 우수성이 한자보다 뛰어날 것이라고 이야기했습니다.

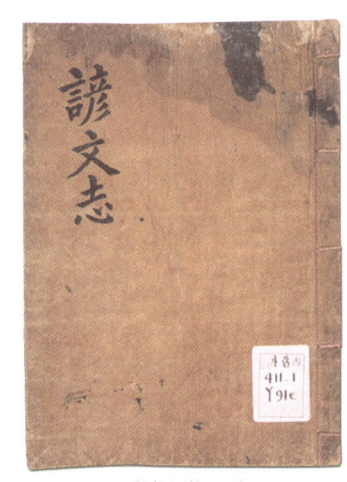
《언문지》 표지

> "세계 모든 문자에 순위를 매겼을 때 1등은 한글."
> 영국 옥스퍼드 대학교 언어학 대학 로비

🎓 ㅣ가 심천합벽(深淺闔闢) 등 모든 소리(모음)에 어울려서 능히 서로 따를 수 있는 것은, 혀가 펴지고 소리가 얕아서 입을 열기에 편하기 때문이다.

🎓 ⇒ 가운뎃소리(모음) ㅣ에 대한 설명이에요. ㅣ는 사람을 본뜬 글자이므로, 사람이 여러 일을 어울려 하듯 ㅣ도 모음 중 가장 많이 어울려 소리를 낸다고 설명했어요.

🎓 같은 것으로부터 나와서 함께 무리가 되기 때문에 서로 합해도 거스르지 않는다.

🎓 ⇒ 본 글자 11개가 서로 합쳐져서 소리를 내지만 무조건 합쳐지는 것이 아니라 원칙이 있어요. ㅗ와 ㅛ에는 ㅏ와 ㅑ가 합쳐질 수 있고, ㅜ와 ㅠ에는 ㅓ와 ㅕ가 합쳐질 수 있어요. 직접 써 보면 알겠지만 ㅗ와 ㅜ 또는 ㅏ와 ㅓ는 섞을 수 없답니다. 앞엣것(ㅗ ㅛ ㅏ ㅑ)은 양성 모음, 뒤엣것(ㅜ ㅠ ㅓ ㅕ)은 음성 모음이라 하니 같은 것끼리 어울린다는 말이 무슨 말인지 쉽게 이해가 가죠?

훈민정음 40

최초의 한글 조리서, 《음식디미방》

여자 중의 군자라 일컬어졌던 조선의 여인 장계향은 직접 한글로 된 조리책을 쓰기도 했습니다. 그것이 바로 《음식디미방》입니다. 석계 이시명 선생의 부인이었던 장계향이 딸과 며느리에게 음식 조리법을 전하기 위해 만든 책이지요. 무려 146가지의 음식을 만드는 비법이 한글로 적혀 있답니다.

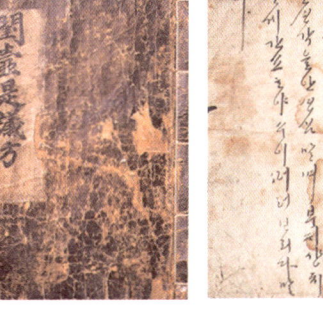

《음식디미방》 표지   《음식디미방》 서문
표지에 《규곤시의방》이라 쓰여 있어요.

양반가 자녀의 교육도 한글 책으로

조선 시대에 한자를 중요하게 여긴 양반들도 자녀들의 글공부에 도움이 되는 책은 한글본과 한자본을 함께 사용했답니다. 더 쉽게 공부할 수 있도록 말이지요. 한글본이 일종의 참고서 같은 역할을 한 것입니다. 또한 자녀에게 보내는 편지도 한글로 쓴 경우가 많은데, 시집을 가서 자주 볼 수 없는 딸에게 보내는 내용의 편지가 많이 남아 있답니다.

《훈민정음 해례본》 해례편 종성해*

끝소리를 알아보자!

이번에 나오는 끝소리인 종성은 받침에 대한 규칙이란다. 자음을 받침으로 쓰다 보면 생김새는 다른데 막상 말소리가 같은 경우들이 많았지. 그래서 고민 끝에 모든 자음을 받침으로 쓰는 것은 불편하니 8개로 줄여 쓰기로 했단다. 그러다 보니 꽃을 '꼿', '꼳', '꽂'으로 쓰는 등 사람들마다 다르게 쓰는 경우들이 많아 골칫거리였지. 이를 해결하기 위해 오늘날에는 맞춤법을 만들었더구나. 덕분에 나의 고민들이 많이 해결되었어. 아주 기분 좋은 일이 아닐 수 없구나.

* **종성해**: 글자의 끝소리(종성)를 풀이하는 부분입니다.

🧑 종성은 초성과 중성을 이어받아 자운을 이루는 것이다. 즉(即) 자의 종성은 ㄱ인데, ㄱ이 즈의 끝에 놓여 있어서 즉이 되고, 蝃(洪) 자의 종성은 ㆁ인데, ㆁ은 蝃의 끝에 놓여 있어서 蝃이 되는 것과 같다. 혓소리, 입술소리, 잇소리, 목구멍소리도 다 이와 같다.

🧑 ⇒ 여기서는 끝소리와 관련된 두 가지를 이야기하고 있어요. 하나는 끝소리가 만들어지는 원리입니다. 글자의 받침이 어떤 것을 말하는지 예를 들어 설명하고 있어요. 또 하나는 받침에 따라 달라지는 소리의 길이를 말하고 있습니다. 받침이 ㄱ(국), ㅍ(숲), ㅅ(옷) 등으로 끝날 경우 소리가 짧게 느껴질 거예요. 이를 입성이라고 합니다. 받침이 ㆁ(다홍), ㄴ(시간), ㄹ(자갈) 등일 경우는 소리가 좀 길게 느껴지기 때문에 평성, 상성, 거성 등이 이에 속합니다.

훈민정음 42

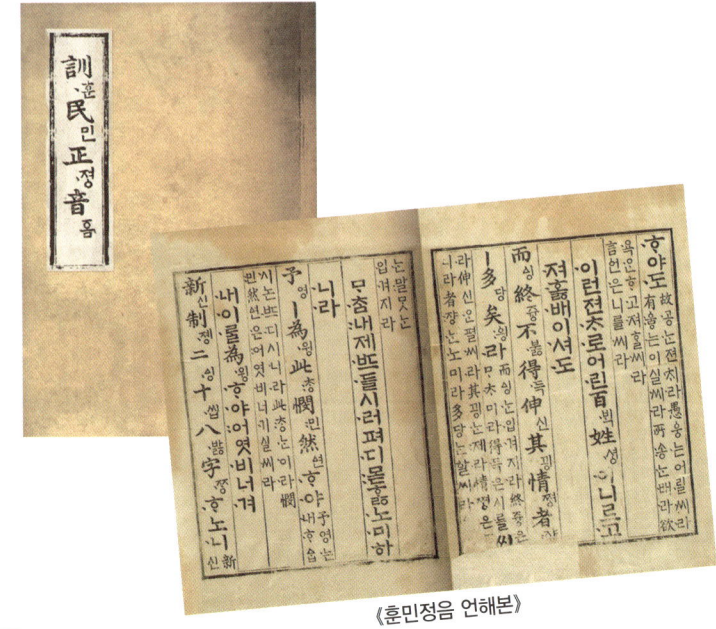

《훈민정음 언해본》

다양한 《훈민정음》 판본

《훈민정음》은 다양한 판본(책의 형태)으로 만들어졌습니다. 크게는 《훈민정음 예의본》, 《훈민정음 언해본》, 《훈민정음 해례본》이 있어요. 《훈민정음 예의본》은 '예의'와 '해례'가 모두 들어 있는 《훈민정음 해례본》과 달리 '예의' 부분만 담은 책인데 《세종실록》, 《월인석보》 등에 실려 있어 일찍부터 알려져 있었습니다. 《훈민정음 언해본》은 세종 대왕이 지은 '어제 서문'과 '예의' 부분이 한글로 번역되어 있는 책입니다. 지금 우리가 쭉 살펴보고 있는 《훈민정음 해례본》은 앞서 두 판본에 빠진 '해례'와 '정인지 서문'이 들어 있는 완전한 책이지요. 《훈민정음》의 원본이라고 할 수 있지요. 《훈민정음 해례본》은 훈민정음을 만든 원리와 사용법까지 모두 포함하고 있기 때문에 국보 제70호이자 유네스코 세계 기록 유산으로도 등재되어 있답니다.

"한글은 현존하는 문자 체계 가운데 가장 독창적으로 창조된 것이며, 그것은 세계의 문자 체계 속에서 특별한 지위를 차지하고 있다."

J. D. 맥콜리 미국 시카고 대학교 교수

받침은 ㄱ ㅇ ㄷ ㄴ ㅂ ㅁ ㅅ ㄹ의 여덟 자만으로도 충분히 쓸 수 있다.

⇒ 훈민정음이 처음 만들어졌을 때는 지금과는 다르게 맞춤법 없이 소리 나는 대로 썼어요. 그러다 보니 ㄱ과 ㅋ, ㄷ과 ㅌ, ㅂ과 ㅍ, ㅅ과 ㅈ과 ㅊ은 소리로 구분이 되지 않아 종성은 앞의 8글자만으로도 표현이 가능하다고 한 것입니다.

훈민정음 43

조선은 개국 이념인 유교를 숭상하고 불교를 억누르는 숭유억불 정책을 실시했어. 하지만 조선 초기 일반 백성들의 의식 속에는 여전히 불교가 중요한 자리를 차지하고 있었지. 또한 한글 창제와 사용을 주도했던 왕실 사람들의 불심도 강했기에 나는 불경을 한글로 번역하여 간행하는 사업을 꾸준히 추진했단다. 여기에는 한문을 모르던 일반 백성들이 한글로 불경을 읽으며 자연스럽게 한글을 깨우치고, 불교의 진리도 깨달아 극락왕생하길 바라는 뜻이 담겨 있지.

백성들의 한글 생활

세종 대왕의 바람처럼 한글은 백성들에게 널리 전파되었습니다. 백성들은 억울함이 있으면 직접 한글로 글을 써서 상소도 올릴 수 있게 되었는데, 이를 언문 상소라고 합니다. 상인들은 거래에 사용되는 문서를 한글로 쓰기도 했고, 한글 소설은 백성들 사이에서 최고 인기를 누리기도 했습니다. 또한 나라에서 백성들에게 직접 알릴 필요가 있는 내용은 한글로 써서 누구나 읽을 수 있도록 했습니다. 간혹 산불을 조심하라든지, 무덤을 훼손하지 말라는 등의 내용이 비석에 쓰이기도 했습니다.

《훈민정음 해례본》
해례편 합자해*

글자를 어떻게 합할까?

한글의 모든 낱글자 속에 이처럼 많은 뜻과 방법이 있다는 게 놀랍지 않으냐? 이제는 앞에서 살펴본 첫소리(초성), 가운뎃소리(중성), 끝소리(종성)가 어떻게 합쳐져 글자가 되고 소리가 만들어지는지 알아보자꾸나. 합자해에서는 낱글자를 합하는 방법을 설명한단다. 낱글자를 합할 때도 반드시 지켜야 되는 규칙이 있지. 어떤 규칙인지는 이미 잘 알고 있을 것 같구나. 그렇지! 자음을 먼저 쓰고 이어 모음을 써야 되는데 모음은 반드시 자음의 오른쪽이나 아래에 써야 한다는 것이지.

*합자해 : 글자의 낱자 맞춤을 풀이하는 부분입니다.

- 초성은 중성의 위에 있고 중성의 왼쪽에 있기도 하다. (중략) 중성의 둥근 것과 가로로 된 것은 초성 아래 쓰니 ㆍㅡㅗㅛㅜㅠ가 이것이며, 세로로 된 것은 초성의 오른쪽에 있으니 ㅣㅏㅑㅓㅕ가 이것이다. (중략) 종성은 초성과 중성의 아래에 있으니 군(君) 자의 ㄴ은 구 아래에, 업(業) 자의 ㅂ은 어 아래에 있는 것과 같다.

- ⇒ 우리가 쓰고 있는 글자를 어떻게 조합하는지 예를 들어 알려 주는 귀중한 내용입니다. 모음(중성)은 자음(초성)의 아래나 오른쪽에 위치해야 되고, 받침(종성)은 반드시 가장 아래에 있어야 된다는 것이지요. 모든 알파벳을 가로로 이어서 쓰는 영어와 비교해 본다면 한글의 특징을 쉽게 알 수 있어요.

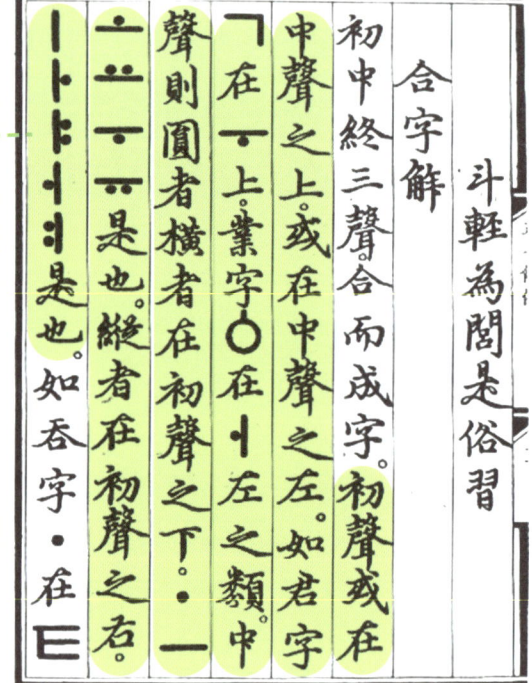

훈민정음 48

암호로 사용된 한글

한글은 우리의 독창적인 문자이다 보니 특별한 때나 전쟁 때 암호로도 종종 사용되었습니다. 중국에 간 사신은 중국의 상황을 우리나라에 알리기 위해 한글로 글을 적어서 보냈지요. 또한 임진왜란 때는 작전 지시문이나 백성들에게 비밀리에 알리는 글을 모두 한글로 적었습니다. 이는 한글이 이웃 나라 왜적에게는 거의 알려지지 않아서 비밀이 샐 염려가 없었기 때문이랍니다.

"한글은 전통 철학과 과학 이론이 결합한 세계 최고의 문자다."
베르너 사세 한국학 학자

합자해는 낱글자를 합쳐서 글자를 만드는 원리를 설명한 부분이야.

- 초성의 두 글자, 세 글자를 나란히 합쳐서 쓰는 것은 우리말의 따 (땅), 짝 (짝), 뜸 (틈) 등의 종류가 있다.
- ⇒ 자음이 합쳐 나는 소리, 즉 쌍자음에 관한 원리를 설명한 것이에요. 오늘날 초성에 쓰는 쌍자음은 ㄲ, ㄸ, ㅆ, ㅉ, ㅃ, 다섯 가지지만 예전에는 다양하게 합쳐 사용했음을 알 수 있는 예입니다.

훈민정음을 달가워하지 않았던 양반들은 한문보다 낮다는 의미로 '언문' 또는 '언서'라고 불렀어요. 하지만 개화기에 이르러서 우리 민족 고유의 글자에 대한 가치가 높이 평가되어 '정음' 또는 '국문'으로 불리기 시작했어요. 그러다가 주시경 선생이 '한글'이라는 이름을 널리 사용하게 했고, 그것이 지금까지 쓰이게 된 거예요.

훈민정음 49

한글날의 유래

지금의 한글날은 양력 10월 9일입니다. 하지만 1926년 한글날이 처음 지정된 때는 11월 4일(음력 9월 29일)이었습니다. 일제 강점기 조선어연구회 학자들은 훈민정음 반포 480주년을 맞이해 기념식을 갖고 이날을 제1회 '가갸날'로 정했습니다. '가갸날'이라는 이름은 이듬해인 1927년 《한글》이라는 잡지 발간과 함께 '한글날'로 바뀌었어요. 날짜는 《세종실록》에 실린 '음력 9월'을 이유로 들었는데, 1940년 7월 《훈민정음 해례본》이 발견되면서 반포일이 9월 상한(10일)이라는 것이 밝혀졌지요. 이를 양력으로 계산하니 10월 9일이 되어 지금의 한글날이 정해졌습니다. 북한에서는 훈민정음을 반포한 날 대신 처음 만든 날인 1월 15일을 기념하고 있답니다.

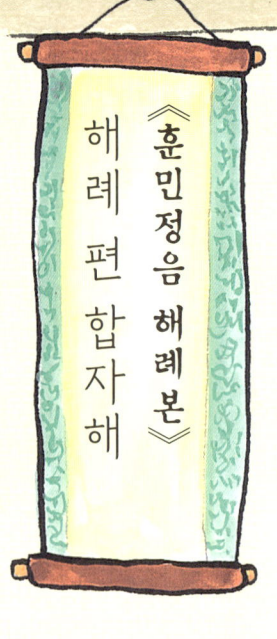

《훈민정음 해례본》 해례편 합자해

소리의 높낮이를 알아보자!

중국어를 듣다 보면 시끄럽다는 생각이 들 거야. 그건 바로 성조 때문이란다. 성조는 소리의 높낮이를 말하지. 그 옛날 내가 훈민정음을 만들 때는 우리 조선의 말에도 중국어처럼 소리의 높낮이가 있던 때라 참 고민스러웠지. 높은 소리, 낮은 소리, 높다가 낮은 소리 등을 표현하려면 글자 외에 새로운 규칙이 또 필요했거든. 그래서 점을 찍어 성조를 나타내기로 했단다. 그때는 참 고민스러운 부분이었는데 지금은 성조가 없어 글자에 점을 찍는 일도 없다 하니 세상이 참 많이 변하기는 한 것 같구나.

🧑 우리말에는 평성(낮은 소리), 상성(처음이 낮고 끝이 높은 소리), 거성(높은 소리), 입성(끝을 빨리 닫는 소리)이 있다. 활은 궁(弓)이고 그 소리는 평성이며, :돌은 석(石)이고 그 소리는 상성이며, ·갈은 도(刀)이고 그 소리는 거성이며, ·붇은 필(筆)이고 입성이 되는 것과 같다. 무릇 글자의 왼쪽에 한 점을 찍으면 거성이 되고, 두 점을 찍으면 상성이 되며, 점이 없으면 평성이 되는 것이다.

👦 ⇒ 현재 우리가 쓰는 말은 밤(어두운 밤)과 밤(먹는 밤)처럼 길고 짧은 소리로 뜻을 구분하는 경우는 있지만, 성조(소리의 높낮이)로는 뜻을 구분하지 않아요. 그런데 조선 초에는 우리말에도 성조가 있었어요. 그러다 보니 높낮이가 다른 말들을 표현하기 위해 글자 앞에 점을 찍어 높낮이를 구분했지요. 점이 없으면 낮은 소리로, 점이 1개면 높은 소리나 끝을 빨리 닿는 소리로, 점이 2개면 처음은 낮았다가 끝은 높은 소리로 표현해야 했습니다.

훈민정음 51   훈민정음 50

일제 강점기 한글 교육

"우리 글이 우리 힘입니다!"

1894년 갑오개혁으로 드디어 한글이 공식적인 국문(나라의 문자)으로 인정받았습니다. 하지만 기쁨도 잠시 1910년 일본에게 나라를 빼앗기면서 한글은 최대의 위기를 맞이했습니다. 일본은 우리의 자주성과 민족 의식을 훼손하기 위해 우리말과 글자, 역사를 왜곡하거나 탄압하기 시작했습니다. 하지만 그럴수록 이에 맞서 더욱 우리글을 지키고 널리 알리기 위해 노력한 사람이 있었어요. 바로 주시경 선생이에요. 국어 강습소를 열어 많은 제자를 길러 내는 한편, 한글을 알릴 수 있는 곳이라면 어디든 마다하지 않고 보따리를 싸서 다니며 강의를 해 '주보따리'라는 별명을 얻을 정도였습니다. 제자들은 선생의 뜻을 받들어 1921년 조선어연구회(이후 조선어학회로 바꿈)를 만들고 문자 보급 운동을 꾸준히 실천했어요. 또한 우리말 맞춤법의 확립을 위해서도 노력했지요. 이런 노력에 힘입어 1933년 '한글 맞춤법 통일안'이 처음으로 발표되었고 이후 몇 차례 수정을 거쳐 오늘에 이르고 있답니다.

> "전혀 교육을 받지 못한 사람도 한 달 남짓 공부하면 〈한글〉 성경을 읽을 수 있다. 중국이나 인도에서는 천 명 가운데 한 명이 읽을 수 있는 데 비하여 조선에서의 〈한글〉 성경 읽기는 거의 모두가 가능하다."
> **제임스 스카스 게일** 대한 제국 시대 우리나라를 방문한 캐나다 선교사

세계인이 말하는 한글

이 면에는 높낮이(성조)에 대한 설명을 담았으니 잘 들어 보세요.

🧑 평성은 편안하며 조화로우니 봄이라 할 수 있다. 봄에는 만물이 여유롭고 평온하기 때문이다. 상성은 부드럽게 높으니 여름이라 할 수 있다. 여름에는 만물이 점점 번성하기 때문이다. 거성은 웅장해지니 가을이라 할 수 있다. 가을에는 만물이 성숙하기 때문이다. 마지막으로 입성은 빠르게 막히니 겨울이라 할 수 있다. 겨울에는 만물이 닫히고 감추어지기 때문이다.

🧑 ⇒ 소리의 높낮이를 계절의 변화로 이해하고 있어요. '모든 소리는 자연의 순환과 같다.'라는 생각이 소리의 높낮이에도 들어 있음을 알 수 있습니다.

훈민정음 52

조선어학회 사건

일본은 중국과 전쟁(중일 전쟁)을 일으킨 뒤 더욱 탄압의 강도를 높여 우리 민족의 전통과 뿌리를 말살하려는 민족 말살 정책을 시작했습니다. 이름을 일본식으로 바꾸게 하고 1938년에는 학교에서 아예 조선어 과목을 없애 버렸지요. 이러한 때에 위험을 무릅쓰고 우리글을 연구하고 널리 알리기 위해 활동하는 단체가 있었습니다. 바로 조선어학회였지요.

조선어학회는 일본에게 눈엣가시였어요. 그래서 일본은 조선어학회를 '학술 단체를 가장한 독립 운동 단체'라는 죄명을 씌워 고문하고 탄압했습니다. 1942년 이중화, 장지영, 최현배, 이극로, 한징, 이윤재, 이희승, 정인승, 김윤경, 권승욱, 이석린 등 핵심 인물 11명을 포함해 1943년 4월 1일까지 모두 33명이 검거되어 고문을 당했지요. 그중 이윤재, 한징 선생은 고문 끝에 감옥에서 목숨을 잃었습니다. 이 사건을 '조선어학회 사건'이라고 합니다.

《훈민정음 해례본》 해례편 용자례*

훈민정음으로 마음껏 표현한 순우리말

내가 가장 기다렸던 부분이 드디어 나왔구나! 지금껏 우리말을 한자로 표현하다 보니 순우리말을 적을 수가 없어 백성들이 힘들어하였단다. 두텁을 두텁으로 적지 못하고 '섬여'라 써야 했으니 오죽 답답했을꼬. 그래서 훈민정음으로 표현할 수 있는 바를 ㄱ부터 적어 본 것이 이제부터 설명할 '용자례'니라. 아 참! 요즘은 두텁이를 두꺼비로 부른다 하더구나! '용자례'를 보며 지금과 예전 말이 어떻게 달랐는지도 비교해 보면 재미있을 것 같구나.

*용자례: 각 낱소리들을 실제로 사용한 글자들의 예를 보여 주는 부분입니다.

- 초성 ㄱ은 감이 시(柿)가 되고, 골이 노(蘆)가 된다.
  ㅋ은 우케가 미용도(未舂稻)가 되고, 콩이 대두(大豆)가 된다.
  ㆁ은 러울이 달(獺)이 되고, 서에가 유시(流澌)가 된다.
  ㄷ은 뒤가 모(茅)가 되고, 담이 장(墻)이 된다.
  ㅌ은 고티가 견(繭)이 되고, 두텁이 섬여(蟾蜍)가 된다.

⇒ 초성의 ㄱ, ㅋ, ㆁ, ㄷ, ㅌ 등이 쓰인 순우리말의 예를 들어 보였어요. 훈민정음이 만들어지기 전에는 모두 한자로 표현해야 했는데, 소리 나는 대로 우리말을 표현한 예를 든 것이지요. ㄱ에서는 감, ㅋ은 콩, ㆁ은 러울, ㄷ은 담, ㅌ은 두텁 등으로 예를 들었어요. 이것들을 그 이전에는 한자로 써야 했답니다. 감(감나무)은 시(柿)로, 콩은 대두(大豆)로, 러울(너구리)은 달(獺)로, 담은 장(墻)으로, 두텁(두꺼비)은 섬여(蟾蜍)로 말이에요.

훈민정음 56

우리말을 사랑한 작가, 최명희와 《혼불》

"모국어는 모국의 혼입니다. 저는 《혼불》에 한 소쿠리 순결한 모국어를 담아서 시대의 물살에 징검다리를 하나로 놓을 수만 있다면 더 바랄 것이 없겠습니다."
최명희는 소설에 쓰일 말들을 일일이 사전을 통해 찾아보고, 직접 취재를 하며 수집해 사용했습니다. 그러다 보니 열 권의 책을 완성하는 데 십여 년의 긴 시간이 걸렸지요. 구수한 전라도 사투리는 물론이고 사라져 가는 우리말, 세시 풍속, 민간 신앙의 내용이 매우 풍부하게 담긴 《혼불》은 우리말의 보물 창고, 한국어의 바다로도 불린답니다.

"강냉이 깡탱이를 내버리고 멍석 옆으로 와 맴돌던 강아지가 그 바람에 흠칫 뒷걸음을 치며 욜랑욜랑 꼬리를 흔든다." 《혼불》 4권 137쪽

"한글은 깨치는 데 하루면 족하고 매우 과학적이고 의사소통에 편리한 문자."
르 클레지오 2008년 노벨 문학상 수상 작가, 《황금 물고기》 저자

용자례는 낱소리를 어떻게 쓰는지 실제 보기를 든 부분이야.

ㄹ은 무뤼가 박(雹)이 되고 어름이 빙(氷)이 된다.
ㅿ은 아ᅀᆞ가 제(弟)가 되고 너ᅀᅵ가 보(鴇)가 된다.

⇒ 그 밖에도 훈민정음 창제 덕분에 한자가 아닌 순우리말 표현이 가능해진 예들을 더 찾아볼 수 있도록 다양한 예를 들었어요. 아래의 예들은 한자로 표시되었던 우리말들이에요. 화살표 오른쪽은 현재 사용되는 뜻이고요.

예) 러울 ⇒ 너구리
두텁 ⇒ 두꺼비
노로 ⇒ 노루
납 ⇒ 잔나비(원숭이)
폴 ⇒ 파리
뫼 ⇒ 산
사비 ⇒ 새우
죠희 ⇒ 종이
비육 ⇒ 병아리
ᄇᆞ얌 ⇒ 뱀
무뤼 ⇒ 우박

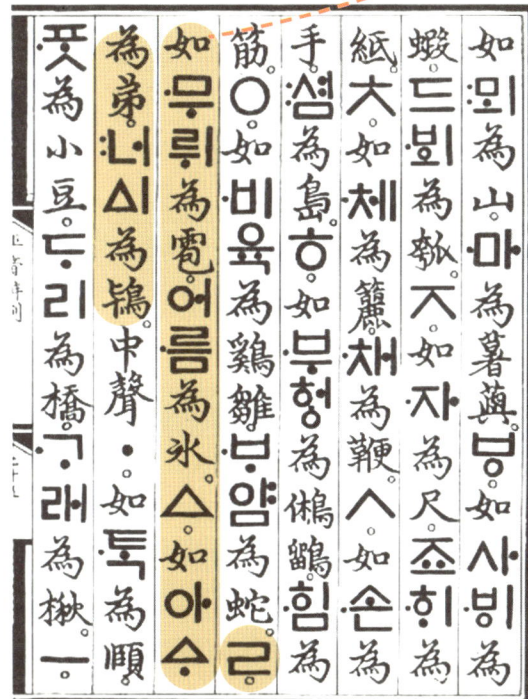

훈민정음 57

간송 전형필과 《훈민정음 해례본》의 발견

《훈민정음 해례본》은 1940년 7월 안동에서 발견되었습니다. 그 전까지 한글이 어떻게 만들어졌지 추측만 할 뿐 누구도 제대로 알 수 없었지요. 하지만 《훈민정음 해례본》이 발견됨으로써 우리의 글이 어떤 원리로 만들어졌는지를 정확히 알 수 있게 되었습니다. 당시 우리 문화재를 사 모으고 있던 간송 전형필 선생에게 이 《훈민정음 해례본》을 팔려는 사람이 나타나 1,000원을 요구했지요. 하지만 전형필 선생은 가치 있는 물건은 그에 대한 대접을 해야 한다면서 무려 8,000원을 주고 샀는데, 구해 온 사람에게 수고비로만 1,000원을 주었다는 일화가 있습니다. 당시 1,000원이면 서울에 기와집 한 채를 살 수 있는 가격이었다니 얼마나 큰돈인지 알 수 있지요. 이처럼 간송 전형필 선생은 일제 강점기에 문화유산으로 나라를 지킨 분입니다. 겸재 정선, 단원 김홍도, 혜원 신윤복, 추사 김정희의 그림과 글씨뿐 아니라 해외로 유출될 뻔한 상감 청자, 청화 백자 등 우리의 귀한 문화유산을 되찾고 지켜 냈습니다.

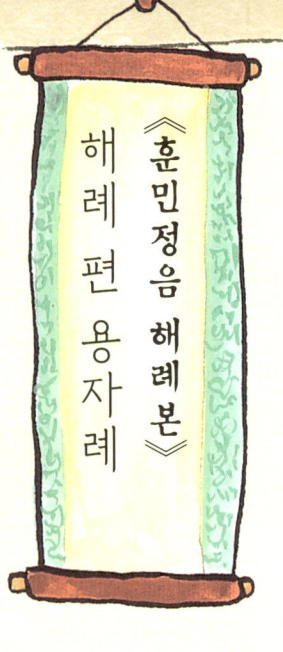

《훈민정음 해례본》 해례편 용자례

재미나고 예쁜 우리말들

용자례를 살펴보니 너희들은 어떤 낱말이 재미있느냐? 올창(올챙이)? ᄇᆞ얌(뱀)? 죠ᄒᆡ(종이)? 그 밖에도 재미난 다른 말들을 너희 아비, 어미와 함께 찾아보거라. 세상의 모든 말을 다 적어 가르치지 않더라도 용자례까지 보게 된다면 나와 집현전 학사들이 만든 훈민정음을 다 깨치게 될 것이다. 스스로 깨칠 수 있는 쉬운 글자, 이것이 바로 내가 훈민정음을 만든 이유기도 하니 말이다. 오늘날에는 이와 같은 내 생각이 전 세계에 전해지고 있다니 참으로 감격스러운 일이 아닐 수 없구나.

🎓 중성 ㆍ는 ᄐᆞᆨ이 이(頤)가 되고, ᄑᆞᆺ이 소두(小豆)가 되고, ᄃᆞ리가 교(橋)가 되고, ᄀᆞ래가 추(楸)가 된다. ㅡ는 믈이 수(水)가 되고, 발측이 근(跟)이 되고, 그력이 안(鴈)이 되고, 드레가 급기(汲器)가 된다. ㅣ는 깃이 소(巢)가 되고, 밀이 랍(蠟)이 되고, 피가 직(稷)이 되고, 키가 기(箕)가 된다.

🎓 ⇒ 중성(가운뎃소리)이 쓰인 예를 설명한 부분이에요. 아래에 예로 들어 쓴 낱말들은 훈민정음이 창제되기 전에는 오른쪽에 써 놓은 것처럼 한자로 표시했던 말들이에요.

중성	우리말	한자 표시	중성	우리말	한자 표시
ㆍ	ᄐᆞᆨ	頤	ㅡ	그력	鴈
ㆍ	ᄑᆞᆺ	小豆	ㅡ	드레	汲器
ㆍ	ᄃᆞ리	橋	ㅣ	깃	巢
ㆍ	ᄀᆞ래	楸	ㅣ	밀	蠟
ㅡ	믈	水	ㅣ	피	稷
ㅡ	발측	跟	ㅣ	키	箕

훈민정음 58

훈민정음 57

용자례와 순우리말

용자례에서는 지금은 거의 사라지거나 변해 버린 아름다운 순우리말들을 많이 찾아볼 수 있습니다.
져비(제비), 러울(너구리), 뫼(산), 비육(병아리) 등 100여 개의 순우리말들을 찾아볼 수 있지요. 용자례를 통해 우리말의 변천을 알아볼 수 있다는 것은 우리말 연구에 더없이 도움이 되는 일이랍니다. 그 외에도 최근 들어 널리 알려지고 있는 아름다운 순우리말들이 많습니다. 미리내(은하수), 미르(용), 시나브로(모르는 사이에 조금씩조금씩), 아우라지(두 갈래의 물길이 하나로 모이는 곳), 쌈지(작은 주머니) 휘뚜루마뚜루(이것저것 가리지 않고 닥치는 대로 마구 해치우는 모양) 등이 대표적인 말들입니다.

> "한글은 세계에서 가장 발달된 음소 문자이면서 로마 문자보다 한층 차원 높은 자질 문자."
> 우메다 히로유키 전 도쿄대 교수

우리가 잘 쓰고 다듬어야 할 우리말에는 예쁘고 재미있는 것들이 많단다. 내가 《훈민정음 해례본》에 다 써 놓지 못했으니 너희들이 많이 찾아서 기억해 두려무나!

🎓 종성 ㄱ은 닥이 저(楮)가 되고, 독이 옹(甕)이 된다.
ㆁ은 굼벙이 제조(蠐螬)가 되고, 올창이 과두(蝌蚪)가 된다.
ㄷ은 갇이 립(笠)이 되고, 싣이 풍(楓)이 된다.
ㄴ은 신이 구(屨)가 되고, 반되가 형(螢)이 된다.
ㅂ은 섭이 신(薪)이 되고, 굽이 제(蹄)가 된다.
ㅁ은 범이 호(虎)가 되고, 심이 천(泉)이 된다.
ㅅ은 잣이 해송(海松)이 되고, 못이 지(池)가 된다.
ㄹ은 돌이 월(月)이 되고, 별이 성(星)이 되는 것과 같다.

🎓 ⇒ 종성(끝소리)의 쓰인 예를 나열한 부분이에요. 아래 표를 보고 어떻게 쓰였었는지 확인해 보세요.

종성	우리말	한자표시	지금의 뜻	종성	우리말	한자표시	지금의 뜻
ㄱ	닥	楮	닥나무	ㅂ	섭	薪	땔나무
	독	甕	항아리		굽	蹄	발굽
ㆁ	굼벙	蠐螬	굼벵이	ㅁ	범	虎	호랑이
	올창	蝌蚪	올챙이		심	泉	샘
ㄷ	갇	笠	갓	ㅅ	잣	海松	소나무
	싣	楓	단풍나무		못	池	연못
ㄴ	신	屨	신발	ㄹ	돌	月	달
	반되	螢	반딧불이		별	星	별

훈민정음 60   훈민정음 59

또 하나의 보물, 《훈민정음 해례본》 상주본

2008년 7월 문화재청 홈페이지에 세상을 놀라게 만든 글이 하나 올라왔습니다. 상주에 사는 골동품 수집가인 배익기 씨가 "집에서 오래된 책이 한 권 나왔는데, 《훈민정음 해례본》이니 국가 문화재로 지정해 달라."라고 남긴 게시 글이었습니다. 깜짝 놀란 문화재청 전문가가 현장을 방문해 확인했더니 틀림없는 진품이었습니다. 보존 상태도 좋았지요. 하지만 얼마 지나지 않아 그 해례본은 도둑맞은 것이라 주장하는 사람이 나타나 법정 다툼으로 시끄러워졌습니다. 재판에서는 결국 배 씨가 무죄인 것으로 결론이 났지만 해례본을 신고한 배 씨는 재판을 하는 동안 해례본을 어딘가에 숨겨 두고 공개하지 않고 있습니다. 어딘가에 숨겨진 또 하나의 해례본, 상주본이 어서 빨리 공개되길 바랍니다.

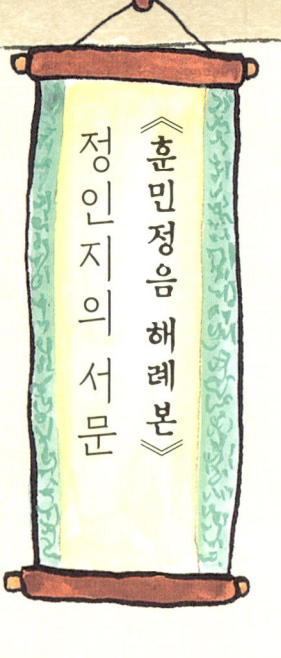

《훈민정음 해례본》 정인지의 서문

집현전 학사 정인지가 쓴 서문

지금까지 임금님과 함께 해례본을 꼼꼼히 살펴보았니? 나는 집현전 학사 정인지란다. 임금님을 도와 훈민정음을 만드는 일을 했지. 임금님께서 훈민정음을 만드신 것은 모두 백성들을 위함이었단다. 하지만 조정에는 이를 이해하지 못한 최만리 같은 자들이 많아 임금님께서 매우 속상해하셨어. 하지만 이에 뜻을 꺾을 전하가 아니셨지. 비밀리에 훈민정음을 만들기로 하고 노력한 끝에 마침내 훈민정음이 탄생한 것이란다.

- 우리나라의 예악과 문화가 중국과 견줄 만하다. 하지만 우리말이 중국과 같지 않아서 글을 배우는 사람은 그 뜻을 깨우치기 어려움을 걱정하고, 옥사를 다스리는 사람은 그 곡절의 통하기 어려움을 걱정하였다. 옛날 신라의 설총이 처음 이두*를 만들어서 관부와 민간에서 오늘에 이르기까지 이를 사용해 왔다. 그러나 이두는 한자를 빌려 쓰는 것이어서 때로는 매끄럽지 못하고 때로는 막혀서 비루하고 근거가 일정하지 않을 뿐만 아니라 말 사이에 이르러서는 만 분의 일도 통달하지 못하는 것이다.

- ⇒ 새로운 글을 만든 이유를 두 가지 예를 들어 밝혀 놓았습니다. 첫째는 중국과 우리의 말이 다르기 때문에 한자를 처음 배우는 사람이 한자의 뜻을 다 깨우칠 수 있을까 걱정한다는 것입니다. 둘째는 죄를 가리는 옥사(재판)의 경우 뜻글자인 한자를 쓰다 보면 말의 논리와 어감에 따라 증거가 달라져서 억울하게 죄를 받는 사람이 생길 수 있다는 것입니다.

* **이두**: 한자의 음과 뜻을 빌려 우리말을 적던 표기법이에요.

훈민정음 61

세종 vs 최만리, 한글을 둘러싼 토론

훈민정음 창제에 가장 앞장서서 반대한 이는 집현전 학사 최만리였습니다. 최만리는 상소를 올려 훈민정음을 반대했고, 세종 대왕은 상소 내용을 하나하나 반박했습니다. 그럼 최만리와 세종 대왕의 토론을 잠깐 살펴볼까요?

통촉하여 주시옵소서.

신라 설총의 이두는 한자를 빌려다 썼기 때문에 한자와 분리된 것이 아닙니다. 이두는 한자를 배우는 데 도움이 되었습니다. 수천 년 동안 한자를 써 왔지만 아무 지장이 없었는데 무엇 때문에 야비하고 상스러우며 아무 도움도 안 되는 글자를 만드시나이까?

흥!

이두를 만들어 낸 뜻이 백성을 편리하게 하고자 한 것이라면 지금의 언문도 백성을 편리하게 하기 위함이다. 너희들은 설총은 옳다고 하면서 임금의 일을 그르다고 하는 것은 무엇 때문이냐? 그리고 너희들이 운서를 아느냐? 사성 칠음을 아느냐? 자모가 몇 개인지 아느냐? 내가 바로잡지 않으면 누가 바로잡을 것이냐?

38

"한글은 오늘날 사용되는 문자 체계 중 가장 과학적이다."
— 에드윈 라이샤워 미국 역사학자

내가 쓴 서문에는 훈민정음 창제의 이유와 우수성 등이 담겨 있어요.

'정인지의 서문'은 훈민정음을 만든 집현전 학사들 중 총 책임자였던 정인지가 훈민정음이 만들어진 이유와 그 쓰임새, 그리고 가치를 밝히는 글입니다. 흥미로운 것은 정인지의 서문에는 맨 윗 칸이 비어 있다는 것입니다. 또 정인지의 서문의 글자 크기가 세종 대왕이 쓴 서문과 예의보다 작다는 것을 알 수 있는데 이는 신하된 도리를 지키기 위해 왕이 쓴 글자보다 크기를 줄여 쓴 것이랍니다. 집현전 학사들이 쓴 해례 편의 글자 크기는 정인지의 서문과 같습니다.

임금님의 각고의 노력 끝에 훈민정음이 탄생할 수 있었지요.

- 우리 임금님께서 바른 소리 28글자를 처음으로 만드시어 간략하게 보기와 뜻을 들어 보여 주셨는데, 이름을 훈민정음이라 하셨다.
- ⇒ 훈민정음은 세종 대왕이 직접 만들었다는 것을 알려 주는 중요한 문장입니다.

훈민정음 62

훈민정음은 비밀 프로젝트

세종 대왕의 최대 업적은 단연 훈민정음의 창제입니다. 하지만 대부분의 신하들이 새로운 글자를 만드는 것에 반대했기 때문에 훈민정음을 만드는 과정은 비밀스럽게 진행되었습니다. 당시 중국 문물과 사상을 존경하고 받드는 사대부들이 볼 때 한자를 버리고 문자를 만든다는 것은 중국과 외교적으로 큰 갈등이 생길 수 있고, 백성들이 글을 알게 되면 사대부들을 더 이상 존경하지 않게 될 것이라 여겼기 때문이지요. 그래서 세종 대왕은 공주와 왕자를 비롯하여 정인지와 같은 일부 신하들과 오랜 시간에 걸쳐 훈민정음을 비밀리에 완성한 후에야 신하들에게 이 사실을 알릴 정도였어요. 역사를 기록하는 사관 역시 비밀리에 만들어진 훈민정음이 마음에 들지 않았는지 《세종실록》을 보면 훈민정음을 만들고 반포했다는 단 한 줄의 기록밖에 남기지 않았답니다.

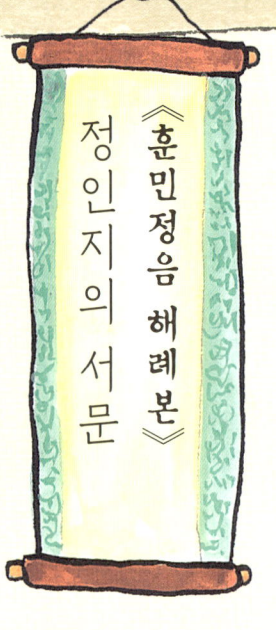

《훈민정음 해례본》 정인지의 서문

집현전 학사를 대표하여

집현전은 임금님의 뜻을 연구하고 받드는 기관이야. 하지만 비밀리에 훈민정음을 만들다 보니 집현전 학사들 중에서도 겨우 여덟 명만이 이 일을 함께 할 수 있었어. 그중 신숙주나 성삼문, 박팽년, 강희안의 이름은 이후의 역사에서도 너희들이 만나게 될 인물이지. 또한 어려운 가운데서도 왕자마마와 공주마마들께서 많은 도움을 주셔서 훈민정음을 완성할 수 있었어. 그리고 그 모든 분들을 대표해서 영광스럽게도 내가 전하께서 만드신 《훈민정음 해례본》 마지막에 글을 올릴 수 있었단다.

글자에 천지 만물이 담겼다니 정말 멋지지 않나요?

- 지혜로운 사람은 아침을 마치기 전에 깨우치고 어리석은 사람이라도 열흘 정도면 가히 배울 수가 있다.
- ⇒ 한글을 일컬어 '아침문자'라고 하는 이유가 여기에 있어요. 아침나절이면 금방 배울 수 있다는 뜻이지요.

훈민정음 63

한자사랑 / 결사반대 / 동족하여 주시옵소서.

자네들만 믿네.

성은이 망극하옵니다.

한글 창제에 앞장선 8명의 집현전 학사

정인지의 서문을 통해 훈민정음을 만든 사람들을 알 수 있게 되었습니다. 조정의 신하들과 집현전 학사 대부분이 반대를 했지만 정인지를 비롯한 8명의 학사들은 세종 대왕을 도와 훈민정음을 만들었다고 쓰여 있지요.

구성	집필자
서문	세종 대왕(당시 49세)
본문(예의)	세종 대왕
해례	정인지(50세), 최항(37세), 박팽년(29세), 신숙주(29세), 성삼문(28세), 강희안(29세), 이개(29세), 이선로(알 수 없음)
서문	정인지

* 훈민정음 창제: 1443년(세종 25년) 음력 12월
* 훈민정음 반포: 1446년(세종 28년) 음력 9월

"한글의 탄생에는 국가와 민족을 초월하는 깊은 사상이 담겨 있다."
노마 히데키 한국어 학자, 《한글의 탄생》 저자

훈민정음 65

훈민정음 64

🔸 드디어 자세한 해석을 더하여 여러 사람들을 깨우치게 하라 명하시니 이에 신(정인지)이 집현전 응교 최항, 부교리 박팽년, 신숙주, 수찬 성삼문, 돈녕부 주부 강희안, 행 집현전 부수찬 이개, 이선로 등과 더불어 모든 풀이와 보기를 지어서 이 글자에 대한 대강을 적었다. 바라건데 보는 사람으로 하여금 스승이 없어도 스스로 깨닫게 하였으니 그 근원과 정밀한 뜻의 미묘함에 있어서는 신 등이 펴 나타낼 수 있는 바가 아니다.

🔸 ⇒ 훈민정음 창제에 참여한 인물을 알 수 있는 부분이에요. 그리고 마지막 문장에서도 다시 한번 드러나듯 세종 대왕은 '글자란 천지 만물을 표현할 수단이니 천지 만물의 이치를 글자 속에 넣으려 했다.'고 정인지는 밝히고 있어요. 하늘과 땅과 인간, 그리고 세상을 이루는 흙, 불, 물, 나무, 쇠, 돌고 도는 계절의 변화, 음양의 이치 등을 말이지요.

한글 창제의 숨은 주역, 왕자와 공주

훈민정음 창제에는 왕자들과 공주들의 역할을 빼놓을 수가 없습니다. 세자 문종과 둘째 수양 대군, 셋째 안평 대군은 훈민정음을 만들기 전 각종 자료 조사와 책자 간행 등 다양한 프로젝트의 책임자였어요. 특히 최만리는 세자가 "중요한 일은 안 하고 사소한 일(훈민정음 창제)에만 매달린다."라고 비판할 정도였지요. 《죽산 안씨 대동보》라는 책에는 둘째 딸인 정의 공주가 왕자들이 풀지 못한 우리말 변화에 대한 문제를 풀어내어 세종 대왕이 상을 내렸다는 기록도 있습니다.

한글의 세계화 이야기
과학적이고 예술적인 문자

알파벳, 키릴 문자, 한자, 가나 등 세계에는 많은 문자가 있습니다. 하지만 한글처럼 사람의 발음 기관을 본떠 만들었거나 백성을 위해 일부러 만든 문자는 없습니다. 특히나 글자를 한 민족과 국가가 공식 언어로 지정해 쓴다는 것은 인류 역사에도 없었던 일이지요. 더욱이 문자를 해설하는 책, 즉 '해례본'을 만든 것도 세계 최초의 일이랍니다. 이러한 이유로 《훈민정음 해례본》(국보 제70호)은 1997년 10월, 유네스코 세계 기록 유산으로 등재되었습니다. 이에 한발 더 나아가 유네스코에서는 '세종 대왕 문맹 퇴치 상'을 제정하여 해마다 세계 문맹 퇴치에 공이 큰 이들에게 상을 주고 있습니다.

세계적인 언어학자, 노벨상 수상자, CEO(기업의 최고 경영자) 등 많은 이들의 찬사가 끊이지 않는 한글, 한글의 세계화는 이미 시작되고 있습니다. 전 세계 82개국에 234개 세종학당이 운영되는 것은 물론 우리나라로 한글과 한국어를 배우러 오는 유학생도 해마다 크게 늘고 있습니다. 한글의 구성 원리를 바탕으로 만들어진 유무선 전화의 '천지인' 자판이 국제 전기 통신 연합(ITU)의 국제 표준으로 승인받은 것은 한글의 과학성과 기술성을 잘 보여 준 사례라 할 수 있습니다.

또한 한글에 대한 관심은 미술, 광고, 패션 등 다양한 분야로도 확대되고 있습니다. 특히, 세계적인 패션 디자이너 이상봉은 2005년부터 매년 한글을 주제로 다양한 패션 작품을 세계에 선보여 왔습니다. 자음과 모음이 합쳐져서 만들어지는 한글의 독특한 문자 체계는 디자인으로 표현되기에 적합하다고 합니다. 이에 할리우드 배우를 비롯한 세계적 스타들이 한글 문양의 패션 소품을 입고 있는 경우도 자주 볼 수 있습니다. 이 밖에도 많은 기업과 아티스트들이 각자의 분야에서 한글의 우수성과 아름다움을 알리는 일에 앞장서고 있습니다.

세계로 뻗어 가는 한글! 오래도록 세계인들의 생활 속에 남는 진정한 한류가 되기를 기대해 봅니다.

한글을 찾아 떠나는 체험 여행

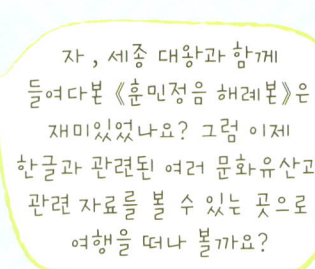

자, 세종 대왕과 함께 들여다본 《훈민정음 해례본》은 재미있었나요? 그럼 이제 한글과 관련된 여러 문화유산과 관련 자료를 볼 수 있는 곳으로 여행을 떠나 볼까요?

🏵 세종대왕기념관(서울 동대문구)

세종대왕기념관은 세종 대왕의 업적을 기리고 전시하는 곳이에요. 전시실에는 세종 대왕의 일대기를 그린 그림이 전시되어 있답니다. 야외 전시장에는 세종대왕릉에 있었던 무인상과 문인상 등 석물이 서 있고, 측우기와 수표, 해시계 등도 전시되어 있습니다.

🏵 조선어학회 터(서울 종로구)

인사동에서 정독도서관으로 올라가는 길목에는 윤보선 대통령 생가가 있습니다. 이 생가 맞은편 한 귀퉁이에 일제 강점기 조선어학회 자리가 있어요. 일제 강점기와 6·25 전쟁을 겪으며 건물은 사라졌지만 건물이 있던 자리에 조선어학회 터 표지석을 설치하여 숭고한 역사를 기억하고 있습니다.

🏵 한글가온길(서울 종로구)

TV 예능 프로그램인 '런닝맨' 촬영지로 더 유명해진 한글가온(중심)길은 종로 새문안로의 구세군회관을 시작으로 경복궁역을 거쳐 광화문 세종 대왕 동상을 잇는 길이에요. 이 길에는 한글의 탄생지인 경복궁, 한글을 지켜 온 한글학회(구 조선어학회)와 주시경 선생의 집터가 있어 한글의 역사와 숨은 이야기들을 한가득 만날 수 있답니다.

🏵 국립한글박물관(서울 용산구)

2014년 10월 개관한 국립한글박물관은 우리 민족 최고의 문화유산인 한글의 문자적·문화적 가치를 널리 알리고 확산하기 위해 건립되었습니다. 박물관에는 이야기가 있는 상설전시실, 어린이 청소년을 위한 교육체험실, 외국인을 위한 외국인 배움터 등이 있어요. 국립한글박물관은 한글에 대한 모든 것이 담긴 박물관입니다.

🏵 한글고비(서울 노원구)

서울 노원구 하계동에는 중종 때 (1536년) 만들어진 한글 비석이 있어요. 이문건이 부모님의 무덤을 만들면서 사람들이 무덤을 훼손하지 말라는 뜻을 새긴 것이지요. 한글을 책이 아닌 비석에 직접 쓴 경우는 매우 찾아보기 힘들어 국가 지정문화재 (보물 제1524호 이윤탁 한글영비)로 지정되어 있습니다.

세종대왕릉(경기도 여주시)

세종대왕릉(영릉)은 세종 대왕과 소헌 왕후가 함께 잠들어 있는 능입니다. 다른 왕릉과 달리 이곳은 세종 대왕의 업적을 기념하는 기념관과 세종 때의 과학 기구들이 능 주변에 꾸며져 있습니다.

산불됴심비(경북 문경시)

영남 지방에서 서울로 가기 위해 넘어야 하는 문경새재길에는 재미난 비석이 하나 있습니다. 바로 산불됴심비인데, 사람이 자주 넘어 다니는 산길이다 보니 화재를 예방하기 위해 세워 놓은 비석입니다. 소리 나는 대로 적었기에 지금과 다른 '산불됴심(산불조심)'이라고 새겨져 있답니다.

세종시

한솔초등학교, 참샘초등학교, 도담초등학교, 아름초등학교, 고운동, 아름동, 어진동, 종요로, 채욱로, 큰뜻로 등 세종시에 있는 학교와 동, 길 이름은 모두 순우리말과 한글의 초성 자음을 활용해 만들었습니다. 거리 곳곳에서 아름다운 우리말 이름을 만날 수 있는 세종시를 방문해 보세요.

외솔 최현배 선생 기념관(울산 중구)

울산은 주시경 선생의 제자이자 조선어학회 회원이었던 외솔 최현배 선생의 고향입니다. 최현배 선생의 고향에 세워진 이 기념관은 한글과 한글학자를 기념하는 지방 유일의 박물관입니다. 다양한 체험 프로그램이 운영되며 부속 도서관이 함께 있어 가족이 함께 찾기에 좋은 장소입니다.

외솔 최현배 선생 생가터

외솔 최현배 선생은 조선어학회 창립에 앞장섰던 국어학자이자 국어운동가입니다. 복원된 생가와 생가터는 외솔 최현배 선생 기념관 옆에 있어요.

ㄱ。牙音。如君字初發聲
ㅋ。牙音。如快字初發聲
ㆁ。牙音。如業字初發聲
ㄷ。舌音。如斗字初發聲
ㅌ。舌音。如吞字初發聲
ㄴ。舌音。如那字初發聲
ㅁ。脣音。如彌字初發聲
ㅂ。脣音。如彆字初發聲